바일이 들려주는 벡터 이야기

NEW 수학자가 들려주는 수학 이야기 80
바일이 들려주는 벡터 이야기

ⓒ 나소연, 2009

2판 1쇄 인쇄일 | 2025년 10월 17일
2판 1쇄 발행일 | 2025년 10월 31일

지은이 | 나소연
펴낸이 | 정은영
펴낸곳 | (주)자음과모음

출판등록 | 2001년 11월 28일 제2001-000259호
주소 | 10881 경기도 파주시 회동길 325-20
전화 | 편집부 (02)324-2347, 경영지원부 (02)325-6047
팩스 | 편집부 (02)324-2348, 경영지원부 (02)2648-1311
e-mail | jamoteen@jamobook.com

ISBN 978-89-544-5325-7 44410
　　　 978-89-544-5196-3 (세트)

• 잘못된 책은 교환해 드립니다.

나 소 연 지음

NEW
수학자가 들려주는
수학 이야기
80

바일이 들려주는
벡터 이야기

(주)자음과모음

추천사

수학자라는 거인의 어깨 위에서 보다 멀리, 보다 넓게 바라보는 수학의 세계!

 수학 교과서는 대개 '결과'로서의 수학을 연역적으로 제시하는 경향이 강하기 때문에 학생들은 수학이 끊임없이 진화해 왔다고 생각하기 어렵습니다. 그렇지만 수학의 역사는 하나의 문제가 등장하고 그에 대해 많은 수학자가 고심하고 이를 해결하는 가운데 새로운 아이디어가 출현해 온 역동적인 과정입니다.

 〈NEW 수학자가 들려주는 수학 이야기〉는 수학 주제들의 발생 과정을 수학자들의 목소리를 통해 친근하게 이야기 형식으로 들려주기 때문에 학생들이 수학을 '과거 완료형'이 아닌 '현재 진행형'으로 인식하는 데 도움이 될 것입니다.

 학생들이 수학을 어려워하는 요인 중의 하나는 '추상성'이 강한 수학적 사고의 특성과 '구체성'을 선호하는 학생의 사고 사이에 존재하는 간극이며, 이런 간극을 줄이기 위해서 수학의 추상성을 희석시키고 수학 개념과 원리의 설명에 구체성을 부여하는 것이 필요합니다.

 〈NEW 수학자가 들려주는 수학 이야기〉는 수학 교과서의 내용을 생동감 있게 재구성함으로써 추상적인 수학을 구체성을 갖는 수학으로 변모시키고 있습니다. 또한 중간중간에 곁들여진 수학자들의 에피소드는 자칫 무료해지기 쉬운 수학 공부에 윤활유 역할을 해 줄 것입니다.

〈NEW 수학자가 들려주는 수학 이야기〉의 구성을 보면 우선 수학자의 업적을 개략적으로 소개하고, 6~9개의 강의를 통해 수학 내적 세계와 외적 세계, 교실 안과 밖을 넘나들며 수학 개념과 원리를 소개한 후 마지막으로 강의에서 다룬 내용을 정리합니다.

이런 책의 흐름을 따라 읽다 보면 각각의 도서가 다루고 있는 주제에 대한 전체적이고 통합적인 이해가 가능하도록 구성되어 있습니다. 〈NEW 수학자가 들려주는 수학 이야기〉는 학교 수학 교과 과정과 긴밀하게 맞물려 있으며, 전체 시리즈를 통해 학교 수학의 많은 내용들을 다룹니다. 따라서 〈NEW 수학자가 들려주는 수학 이야기〉를 학교 수학 공부와 병행하면서 읽는다면 교과서 내용의 소화 흡수를 도울 수 있는 효소 역할을 할 것입니다.

뉴턴이 'On the shoulders of giants'라는 표현을 썼던 것처럼, 수학자라는 거인의 어깨 위에서는 보다 멀리, 넓게 바라볼 수 있습니다. 학생들이 〈NEW 수학자가 들려주는 수학 이야기〉를 읽으면서 각 수학자의 어깨 위에서 보다 수월하게 수학의 세계를 내다보는 기회를 갖기를 바랍니다.

홍익대학교 수학교육과 교수 |《수학 콘서트》저자 박경미

> 책머리에

운동하는 물체의 힘을 분석하고
물리적인 능력을 키우게 하는 바일의
'벡터' 이야기

 가만히 서 있는 오뚝이를 손으로 '뚝' 하고 건드리면 좌우로 움직입니다. 이렇게 어떠한 힘이 주어지면 그 결과로 물체가 움직이기도 하고 모양이 변하기도 합니다. 이러한 물리적인 운동의 양을 분석하는 데 중요한 역할을 하는 것이 바로 벡터입니다.

 실제로 벡터는 우리 주위에서 일어나는 문제를 해결하고 분석하기 위해 발전한 학문입니다. 지구와 달이 당기는 힘이 얼마인지, 고기압과 저기압의 차이를 통해 어떤 방향으로 얼마만큼의 바람이 불 것인지 알아야 배를 젓는다거나 비행기를 타는 등의 일상생활을 할 수 있습니다. 우리는 이럴 때 바로 벡터의 원리를 사용합니다.

 현재 벡터는 그 내용이나 이용되는 부분에 있어서 물리학과 연관이 많으므로 이 책에서는 물리학과 관련된 이야기를 통해 벡터를 설명하였습니다. 그 이유는 여러분이 책을 읽으면서 수학과 과학이 얼마나 밀접한 관계를 가지고 있는지 이해하고, 과학 공부의 기초 과정으로서 수학이 얼마만큼 중요성을 가지고 있는지 알았으면 하는 마음 때문입니다.

이 책은 복잡한 수식이나 계산해야 하는 내용이 중요한 것이 아니라, 벡터의 화살표나 점의 기호 위에 화살표를 그은 $\overrightarrow{AB}$와 같은 표현 방법을 익히는 것이 우선입니다. 여러 가지 화살표를 이어 붙이면서 한붓그리기를 하듯, 이어진 화살표의 시작하는 점에서 끝나는 점까지 쭉 따라 그리다 보면 벡터의 덧셈, 뺄셈, 실수배도 쉽게 할 수 있습니다. 어느 것이나 기초가 중요하듯이 《바일이 들려주는 벡터 이야기》는 벡터의 뜻과 화살표로 그리기, 여러 가지 화살표에서 방향을 잘 생각하여 이어 붙이기가 기초 학습 부분입니다. 그리고 이것에 익숙해졌을 때 두 힘의 관계, 두 힘이 서로에게 미치는 영향과 이것이 코사인cos이라는 삼각비와 어떻게 연관되는지를 심화 학습 과정으로 공부하면 좋을 것 같습니다.

언제나 수학 공부는 어려운 듯하지만, 차근차근 이해하고 그러한 과정을 통해 규칙과 방법에 익숙해진다면 여러분은 분명 바일이나 데카르트와 같이 수학적으로 사고하고 문제를 해결하는 능력이 높아질 수 있을 것입니다. 이번 책을 통해 여러분이 화살표와 친해져서 벡터를 확실하게 습득할 수 있는 유익한 시간을 보냈으면 합니다.

나소연

차례

추천사	4
책머리에	6
100% 활용하기	10
바일의 개념 체크	16

1교시
벡터란 무엇인가?   23

2교시
화살표와 친한 벡터   43

3교시
방향과 크기가 같은 너와 나는 쌍둥이   65

4교시
벡터의 연산   85

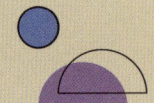

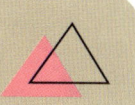

5교시
벡터의 성분   117

6교시
벡터의 내적   137

7교시
두 벡터가 이루는 각의 크기   153

1 이 책은 달라요

《바일이 들려주는 벡터 이야기》는 독일의 수학자 헤르만 바일이 크기와 방향을 가지고 있는 벡터가 무엇이고 어떻게 표현하는지에 대해 차근차근 설명하고 있습니다. 또한 물리학과 연결하여 벡터의 필요성과 운동하는 물체에 주어진 힘을 분석하는 방법에 대해 자세하게 알려 주고 있습니다. 수학적인 지식이 완전하고 엄밀한 형태로 이루어져 있기 때문에 자칫 어렵다고 느낄 수 있지만, 바일은 벡터가 생겨난 이유와 필요성을 우리 주변에서의 바람이나 힘의 작용과 같은 것들을 통해 자세하고 알기 쉽게 설명합니다. 따라서 고등학교 이과 과정의 학생들조차 어렵게 느낄 수 있는 내용에 친근히 다가갈 수 있습니다.

2 이런 점이 좋아요

① 역사 속에서 벡터가 무엇에 필요한 것이었는지 그리고 수학자들이 왜 이 이론을 발전시켰는지에 대해 설명하면서 수학이 점점 엄밀하고 정확하게 발전하는 학문이라는 것을 알 수 있게 하였습니다. 따라서 수학이 처음부터 완벽하게 있었던 학문이 아니라 많은 학자의 노력에 의해 점차 발전한 학문이고, 또한 앞으로도 충분히 더 발전할 수 있는 학문이라는 면을 부각시켜 새로운 시각으로 수학이라는 학문을 바라볼 수 있도록 하였습니다.

② 평면과 공간의 차이와 점을 자연스럽게 나타내는 방법을 배워 나가며 벡터를 표현할 수 있게 하였습니다. 고등학교의 내용이지만 벡터를 배우며 자연스럽게 중학교의 좌표나 순서쌍과 같은 개념도 배울 수 있습니다.

③ 물체의 운동과 벡터의 연관성을 통해 운동을 분석하는 물리학에 수학이 얼마만큼 중요한 역할을 하는지 알 수 있으며 기초 과학으로서 수학이 얼마나 중요한 역할을 하는지 인식하게 되는 계기가 될 것입니다.

3 교과 연계표

학년	단원(영역)	관련된 수업 주제 (관련된 교과 내용 또는 소단원명)
중 1	변화와 관계	좌표와 그래프
중 2	도형과 측정	도형의 닮음, 피타고라스 정리
중 3	도형과 측정	삼각비
고 1(공통수학2)	도형의 방정식	도형의 이동
고 2~3(기하)	벡터	벡터의 연산, 벡터의 성분과 내적

4 수업 소개

1교시 벡터란 무엇인가?

우리 주위에서 양을 가진 것을 보면 크기와 방향을 모두 가진 속도나 크기만을 가진 온도 등이 있습니다. 이렇게 양을 가진 것 중에서 크기와 방향을 가진 양과 크기만을 가진 양을 구분하여 실생활에서 무엇을 벡터로 나타낼 수 있는지 공부합니다.

- 선행 학습 : 콜럼버스의 달걀, 직사각형의 넓이, 바람의 방향 표시 방법
- 학습 방법
  - 일상생활에서 볼 수 있는 양에 방향이 있는지 생각하며 벡터와 스칼라를 구분해 봅니다. 벡터가 만들어진 배경을 이해하며 재미있게 읽

어 나가면 됩니다.

2교시 화살표와 친한 벡터

시작하는 점과 끝나는 점을 선분으로 이은 화살표를 이용하여 벡터를 나타내는 방법을 알아봅니다. 평면과 공간에서의 점을 구분하고 반대 방향을 나타내는 부호 '−'를 알아봅니다. 영벡터는 크기가 0인 벡터임을 기억하도록 합니다.

- **선행 학습** : 화살표, 차원, 수학자 데카르트, 좌표평면과 축, 원점
- **학습 방법**
  - 표시하는 순서를 기억하여 벡터를 그려 봅니다.
  - 방향을 나타내는 문자 $\overrightarrow{AB}$와 같은 식에서 시점과 종점을 구분하도록 합니다.
  - 문자 앞의 '−' 기호가 벡터의 방향을 반대로 바꾼다는 것을 알아 둡니다. 즉, 벡터를 공부할 때는 방향이 어느 쪽인지 정확하게 살펴야 합니다.

3교시 방향과 크기가 같은 너와 나는 쌍둥이

- **선행 학습** : 피타고라스 정리, 평행이동
- **학습 방법**
  - 벡터는 크기와 방향을 가진 양으로, 표시된 화살표가 어디에 그려졌

는지가 중요한 것이 아니라 방향과 선분의 길이가 중요하다는 것에 주의하도록 합니다.

4교시 벡터의 연산

- **선행 학습** : 평행사변형, 괄호, 양수와 음수, 실수
- **학습 방법**
- 우리가 숫자 계산에 익숙해지기 위해서 많은 연습을 한 것처럼 벡터의 덧셈, 뺄셈, 실수배에 익숙해지기 위해서는 화살표를 그리고, 그 화살표들을 잘 움직여서 서로 이어지게 그리는 것을 연습해야 합니다. 이렇게 이어지도록 그린 그림이 나타내는 삼각형이나 평행사변형에서 화살표가 시작된 부분과 끝나는 부분의 점이 무엇인지 꼭 살펴보아야 벡터의 연산을 잘할 수 있습니다.

5교시 벡터의 성분

- **선행 학습** : 순서쌍
- **학습 방법**
- 좌표평면에 주어진 한 점까지의 위치벡터가 무엇인지 뜻을 이해하고, 그 점에 가기 위해서 x축으로 몇 칸, y축으로 몇 칸 이동했는지를 세어 보도록 합니다. 그리고 이렇게 세어 본 숫자를 단위벡터나 성분으로 나타낼 때 어느 위치에 x축 혹은 y축으로 이동한 칸 수를

쓰는지 주의하면 쉽게 벡터의 성분을 나타낼 수 있습니다.

6교시　벡터의 내적

- 선행 학습 : 물리학, 힘
- 학습 방법
- 두 개의 힘이 주어졌을 때 그 힘은 다른 힘에 영향을 받아 힘의 크기가 변하게 됩니다. 이러한 영향을 계산해야 하는 이유를 알아보고, 이 계산이 벡터에서의 내적이라는 것을 이해하여 곱하기 기호인 '×'와 구분하여 생각하도록 합니다.

7교시　두 벡터가 이루는 각의 크기

- 선행 학습 : 닮음, 유리수, 무리수, 실수
- 학습 방법
- 두 벡터가 주는 영향에 대한 수학적 계산인 내적이라는 것을 물리적인 방향으로 분석하는 방법을 이해하도록 합니다. 이때 삼각비 코사인 $\cos$을 이용하여 $\vec{a}$의 힘이 $\vec{b}$ 방향으로 얼마만큼의 영향을 주는지를 구하는 것과 내적을 연관시킬 수 있도록 합니다.

바일을 소개합니다

Hermann Weyl(1885~1955)

나는 수학의 도시 프린스턴에 살면서 수학에 대한 뜨거운 열정을 바탕으로 많은 연구 성과물을 이룩해 냈답니다.

물리학과 많은 관련이 있는 벡터를 중심으로 물리학과 수학을 넘나들며 나만의 사고를 펼쳤습니다.

기초 과학이라고도 불리는 수학을 발전시킴으로써 더불어 과학의 발전에도 영향을 미친 나는 20세기 가장 영향력 있는 수학자 중의 한 사람으로 뽑히기도 했답니다.

여러분, 나는 바일입니다

나는 독일의 수학자로, 다비트 힐베르트나 헤르만 민코프스키와 같은 유명한 수학자를 배출한 괴팅겐과 수학의 도시인 프린스턴에서 살면서 수학에 대한 넘치는 열정으로 연구에 매진하였습니다. 내가 한 연구는 수학적인 이론의 기본이 되는 순수 수학뿐만 아니라 과학 이론 중의 물리학과도 관련이 있습니다. 물리학과 관련이 많은 '벡터'와 같이 나는 물리학과 수학을 넘나들며 나만의 사고를 펼쳤습니다. 그래서 나를 20세기 가장 영향력 있는 수학자 중의 한 명이라고도 합니다. 나는 현상에 대한 물리학적인 사고를 통해 기술 그리고 공간, 시간, 사물, 철학, 이론, 수학 역사에 대한 몇몇 일반 이론에 관해 저술했으며

특히 전자기 법칙과 관련된 최초의 연구를 한 사람입니다.

　성분으로 나타내어지는 벡터는 복소수를 좌표평면에 나타내는 데 중요한 역할을 하는 이론입니다. 이전에는 실생활에서 쓰는 숫자는 아니지만 방정식 등의 해가 되는 허수를 포함하는 복소수는 좌표평면에 나타낼 수 없었습니다. 그래서 문자를 이용한 식에서만 허수를 다룰 수 있었어요. 하지만 나는 복소수에 대한 단순하고도 명확한 해석을 논문에 실었답니다. 좌표평면의 x축은 복소수의 실수 부분을, y축은 허수 부분을 표시하여 대수적으로 가능했던 복소수의 표현과 계산이 기하학으로도 가능하게 된 것입니다. 또한 나의 논문은 현재 우리가 화살표로 표시하는 벡터를 좌표에서 해석하고 그림으로 나타내는 것이 가능하게 하였습니다.

　내가 쓴 논문은 여기에서 끝나지 않았답니다. 수학자 스테빈이 연구한 벡터의 덧셈 방법을 더욱더 정교하게 다듬었고, 나아가 벡터의 합이나 곱과 같은 연산을 쉽게 할 수 있는 규칙도 발견했습니다. 이 규칙은 《바일이 들려주는 벡터 이야기》에서 벡터를 성분으로 나타낸 수를 가지고 더하기, 빼기, 실수배를 쉽게 계산하는 방법을 배우면서 알게 될 거예요.

이렇게 발견한 이론들이 현대 물리학의 기본이 되어 물리학, 전자기학 등 과학과 공학 발전의 기본적인 표기법과 연산의 방법이 되었어요. 과학이라는 것은 우선 수학이 발달해야 그것을 기본으로 하여 발전할 수 있는 학문이기 때문에 수학을 기초 과학이라고 합니다. 나는 기초 과학인 수학을 발전시켰을 뿐 아니라 과학의 발전에도 직접적으로 도움을 준 수학자랍니다.

1교시

벡터란 무엇인가?

벡터란 무엇일까요?
우리 주위에서 벡터가 무엇인지 찾아봅니다.

수업 목표

1. 벡터와 스칼라의 뜻을 알 수 있습니다.
2. 우리 주변의 양이 벡터인지 스칼라인지 구분할 수 있습니다.

 **미리 알면 좋아요**

1. 콜럼버스의 달걀
아메리카 대륙을 발견한 탐험가 콜럼버스에게 사람들이 물었습니다.
"당신은 테이블 위에 달걀을 세울 수 있습니까?"
콜럼버스는 곰곰이 생각해 보고 달걀을 손에 쥐더니 갑자기 달걀의 아랫부분을 깼습니다. 그런 다음 달걀을 세웠습니다. 이처럼 누구나 다 아는 해결책을 머릿속에서 만지작거리다가 포기하는 것이 아니라, 고정관념에 얽매이지 않고 문제를 해결하는 방법을 표현하는 것이 중요하다는 것을 말해 주는 일화를 '콜럼버스의 달걀'이라고 합니다.

2. 직사각형의 넓이
직사각형의 넓이는 (가로)×(세로)로 구할 수 있습니다.

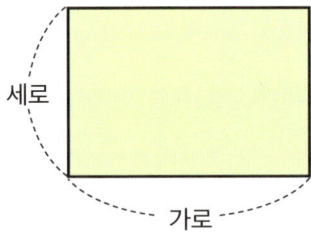

이때 가로와 세로 길이의 단위가 모두 cm이면 넓이의 단위는 cm^2입니다.

3. 방향

동서남북을 기준으로 방향을 표시하기 때문에 보통 숫자 '4'를 이용하여 방향을 나타냅니다. 이때 동쪽과 북쪽의 중간을 북동쪽, 북쪽과 서쪽의 중간을 북서쪽이라고 합니다. 이렇게 방향을 세분화하면 남동쪽, 남서쪽도 나타낼 수 있습니다. 이때 북동쪽에서 불어오는 방향을 '바람 풍風' 자를 써서 북동풍이라고 합니다.

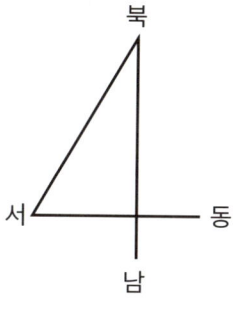

바일의 첫 번째 수업

안녕하세요? 여러분과 함께 벡터라는 여행을 하게 된 바일입니다. 짜잔~! 세계적으로 아름다운 섬 중의 하나인 제주도의 지도입니다. 우리 다 함께 제주도로 여행을 떠나 볼까요?

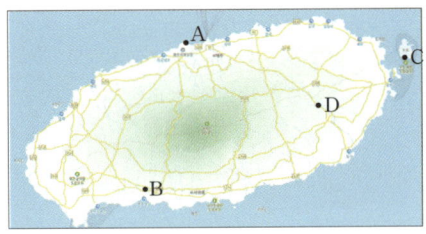

여러분이 가족과 함께 제주도 여행을 가려고 합니다. 제주국제공항에 도착해서 중문관광단지, 성읍민속마을, 우도 이렇게 세 곳을 보고 오려고 해요. 각각 제주도 여행 계획을 세우고 제주도에 도착했어요. 여러분 모두의 여행 계획은 같을까요?

한 친구는 '제주국제공항 → 중문관광단지 → 성읍민속마을 → 우도' 순으로 여행 계획을 세웠고, 다른 친구는 '제주국제공항 → 우도 → 성읍민속마을 → 중문관광단지' 순으로 계획을 세웠어요. 또 다른 친구는 '제주국제공항 → 성읍민속마을 → 중문관광단지 → 우도' 순으로 계획을 세웠답니다. 모든 사람이 다 같은 곳을 여행하는 것이 목표입니다. 하지만 여기에 다른 점이 있답니다. 무엇일까요?

"움직이는 방향이 달라요!"

맞아요. 여행 계획에서의 다른 점은 방향입니다.

우리가 하게 되는 벡터 여행은 이렇게 '방향'을 가지고 있는 것이랍니다. 고등학교에서 배우는 내용이라 처음 듣는 용어겠지만 제주도 여행과 같이 방향을 가지고 이동하는 것이라고 쉽게 생각하면 돼요. 우리 주위에서 이러한 경우를 찾아보면 벡터가 어떤 것인지 곧 알게 될 겁니다.

자, 이번에는 학교로 가 봅시다. 학교에서 운동회를 한 적이 있나요? 나는 얼마 전에 운동회에 가서 줄다리기하는 것을 보았습니다. 청팀과 백팀 각각 20명씩 긴 줄을 잡고 '땅!' 소리가 나자마자 영차영차 소리를 내며 줄을 잡아당기기 시작했습니다. 두 팀의 가운데를 알려 주는 끈이 양 팀의 힘에 따라 오른쪽으로 움직이기도 하고 왼쪽으로 움직이기도 했어요. 그러다 점점 오른쪽으로 당겨지더니 왼쪽의 사람들이 모두 오른쪽으로 당겨졌습니다. 똑같이 20명이 줄을 잡아당겼는데 왜 오른쪽으로 끌려가게 되었을까요?

"선생님, 너무나 쉬운 질문이에요. 당연히 오른쪽 사람들이 힘이 세니까 오른쪽으로 끌려간 거겠죠!"

맞습니다. 혹시 여러분 중에 동생이랑 장난감을 두고 누가 가질지 겨루어 본 적이 있나요? 오른쪽에서는 오빠가 장난감을 잡고 있고 왼쪽에서는 여동생이 장난감을 잡고 있어요. 동시에 장난감을 당기기 시작하면 힘이 더 센 오빠 쪽으로 장난감이 가는 것과 같겠지요?

여기 있는 4명의 사람은 10분 동안 각각 1m씩 줄을 잡아당길 수 있는 힘이 있습니다. 줄을 두고 오른쪽과 왼쪽에 각각 2명씩 서서 10분 동안 줄을 잡아당긴 후 확인해 보니 줄에는 변화가 없었어요. 그래서 이번에는 오른쪽에서 3명이 순서대로 줄을 잡아당기고 왼쪽에는 1명이 줄을 잡아당겨 보았습니다. 어떤 결과가 나왔을까요?

결과는 오른쪽으로 2m 움직였습니다. 이런 결과가 나온 이유를 알아봅시다. 왼쪽으로 1m 가지만 오른쪽으로는 3m 움직이므로 결국 줄은 오른쪽으로 2m 움직이게 됩니다. 한 사람이 가지고 있는 힘의 크기는 10분에 1m를 움직일 수 있는 양입니다. 하지만 이 힘을 오른쪽으로 쓰느냐 또는 왼쪽으로 쓰느냐에 따라 줄이 움직이는 방향은 다르게 나옵니다. 이렇게 크기와 방향을 가지고 있는 양을 벡터라고 합니다.

돛단배가 바람을 따라 움직이고 있어요. 돛단배가 가지고 있는 힘의 양은 시속 20km입니다. 시속 20km라고 하면 1시간당 20km를 움직일 수 있는 거예요. 배가 동쪽으로 움직이려고 합니다. 바람이 불지 않을 때 동쪽으로 시간당 20km를 움직일 수 있지만 바람이 서쪽으로 시간당 5km의 크기로 불어온다면 1시간 후 배는 동쪽으로 15km 움직이게 됩니다. 그렇다면 지금까지 배운 것을 얼마나 이해했는지 질문을 해 볼까요?

강물이 움직이지 않는 곳에서 시속이 20km인 배가 있습니다. 강물의 시속이 10km인 곳에서 배가 강물이 흐르는 방향과 같은 방향으로 움직이면 배는 얼마의 시속으로 움직이게 될까요?

"배가 시간당 20km 가는데 강물이 10km 더 움직이게 해 주니까 배는 30km를 움직이게 됩니다."

맞습니다. 배는 강물 위에서 이동하므로 강물의 흐름에 영향을 받게 되겠지요. 따라서 강물이 흐르는 방향으로 배가 움직일 때의 시속은, 배의 시속+강물의 시속＝20＋10＝30$_{km/h}$입니다.

그렇다면 배가 강물이 흐르는 방향과 반대 방향으로 거슬러 올라가려고 하면 배는 얼마의 속력으로 움직이게 될까요? 배가 20km를 가는데 강물이 10km만큼 덜 움직이도록 방해를 하게 되니까 강물이 흐르는 방향과 반대 방향으로 거슬러 올라갈 때 배의 시속은, 배의 시속－물의 시속＝20－10＝10$_{km/h}$입니다.

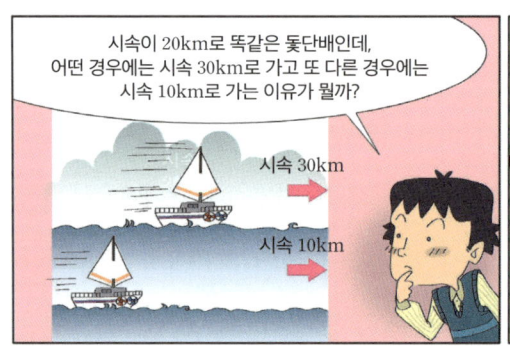

이렇게 '벡터'라고 하면 힘을 가장 먼저 생각하게 됩니다. 그 이유는 인간이 힘을 사용할 때, 힘의 크기를 얼마만큼 주어야 하는지 그리고 어떤 방향으로 주어야 하는지를 계산하는 것이 중요하다고 느낀 후부터 벡터가 생겨났기 때문입니다. 그렇다면 벡터가 언제, 어떻게 생겨났는지 한번 알아볼까요?

벡터는 크기와 방향을 가진 양을 말합니다. 이집트의 피라미드는 돌과 흙을 쌓아서 만든 거대한 무덤이에요. 이 무덤을 만들기 위해서는 돌과 흙을 최대한 빨리 옮겨야만 했습니다. 따라서 힘이 센 사람들을 이용해서 피라미드에 필요한 돌과 흙이 있는 곳에서 피라미드를 쌓는 곳까지 방향을 정해서 옮기게 됩니다. 이렇게 머나먼 이집트 시대에서도 건물을 지을 때 힘과 방향을 생각하였습니다. 그들은 육지에서뿐만 아니라 바다에서도 배를 이용하여 물건을 나르면서 자연스럽게 어느 방향으로 얼마만큼의 힘을 주어야 한다는 것을 어렴풋이 머릿속으로 생각하게 되었습니다. 유럽 사람들은 르네상스 시대에 이르러서야 힘과 방향에 대한 어렴풋한 생각을 조금 더 체계화된 이론으로 발전시켜야 한다는 것을 깨달았습니다. 왜냐하면 지구에 자신들이 살고 있는 대륙 이외에 어떤 대륙이 있는지 궁금해지면서 다른 대륙을 찾기 위해 아주 먼 거리의 항해가 필요했기 때문입니다.

　여러분은 콜럼버스를 아나요? '콜럼버스의 달걀'로 유명한 이탈리아의 탐험가 콜럼버스는 에스파냐 여왕인 이사벨의 후원을 받아 인도를 찾기 위해 항해를 떠났습니다. 하지만 유럽에서 머나먼 신대륙중앙아메리카으로 배로 움직여야 하므로 안전하고 빠르게 도착하는 방법을 연구한 후에 배를 타야 했겠죠? 바람의 방향과 밀물, 썰물의 운동에 대해 알게 되면서 배가 얼마의 속력을 가지고 어느 방향으로 움직여야 하는지를 계산할 수 있게 되었습니다. 물론 이러한 계산을 정확하게 하기 위해서는 행성의 운동을 예측하여 어느 방향으로 가는지 정확하게 알아야 합니다. 그래야만 바람의 방향, 밀물과 썰물의 운동을 분석할 수 있기 때문에 운동하는 방향을 연구할 수 있게 됩니다. 이러한 연구로 발전하게 된 것이 바로 벡터랍니다. 영국의 뉴턴에 의해 힘과 방향을 가진 양量인 벡터는 방향을 나타내는 선분으로 나타낼 수 있게 되었고 그로 인해 벡터라는 이론이 점차 발전하게 되었답니다.

벡터는 우리 주위에 있는 양₁ 중에서 방향을 가진 것이라고 생각하면 됩니다. 양을 가지고 있는 것에는 무엇이 있을까요?

온도 10℃
길이 6cm
넓이 30cm^2
북동풍 10km/h

온도, 길이, 넓이, 북동풍은 모두 크기를 가지고 있습니다. 이 중에서 벡터인 것을 찾아보려고 합니다. 어떻게 찾을 수 있을까요? 자, 여기 온도계가 두 개 있습니다. 내가 양손에 각각 하나씩 들고 있는 온도계의 눈금이 모두 10을 가리키고 있으므로 현재 온도는 10℃입니다. 그렇다면 10℃라는 크기가 있을 때, 두 온도계에서 왼쪽의 온도계와 오른쪽의 온도계의 온도가 나타내는 방향은 어디일까요?

"온도는 방향이 없어요."

네, 그렇습니다. 온도는 크기는 있지만 방향을 가지고 있지 않은 양입니다. 이렇게 크기를 가지고 있지만 방향을 가지고 있지 않은 양을 스칼라라고 합니다.

> **벡터와 스칼라**
>
> • 공통점 : 양을 나타냅니다.
> • 차이점 : 벡터는 방향을 갖지만 스칼라는 방향을 갖지 않습니다.

그러면 이번에는 색종이를 볼까요? 이 색종이에서 알 수 있는 것을 말해 보세요.

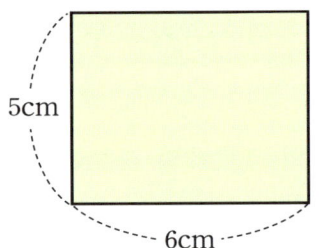

"가로의 길이가 6cm입니다."

"세로의 길이가 5cm입니다."

"넓이가 30cm²입니다."

네, 맞아요. 여러분이 말한 길이와 넓이는 크기를 가지고 있는 것입니다. 이 색종이의 길이와 넓이는 크기를 가지고 있는 양이므로 방향이 있는지 없는지를 알면 벡터인지 스칼라인지 알 수 있어요. 그러면 길이와 넓이가 방향이 있는지 한번 알아볼까요? 다음 두 개의 선을 봅시다.

길이가 10cm인 검은색 선과 넓이가 10cm²인 녹색 직사각형이 있습니다. 검은색 선이 어느 방향을 나타내는지 알 수 있나요? 마찬가지로 녹색 직사각형이 어느 방향을 향해 만들어진 것인지 알 수 있나요? 길이와 넓이는 주어진 것만으로는 방향을 알 수 없기 때문에 크기만 가진 스칼라에 속합니다.

이번에는 북동풍 10km/h를 살펴봅시다. 북동풍이라는 것은 북동北東쪽의 방향으로 시속 10km인 바람이 분다는 것을 말합니다. 크기와 방향을 가진 것이니까 벡터가 되겠죠? 그러면 속도와 속력 이 두 가지는 벡터일까요, 스칼라일까요?

속도는 움직이는 물체의 위치가 변하는 정도를 나타내는 양量

입니다. 그리고 속력은 물체의 빠르기를 나타내는 척도 중 하나입니다.

속도와 속력의 차이점을 예를 들어 알아볼까요?

흰색 자동차와 검은색 자동차가 있습니다. 1시간 동안 움직이는 것을 살펴봅시다. 흰색 자동차는 30분 동안 오른쪽으로 100km, 그리고 이어서 30분 동안 왼쪽으로 80km를 갔습니다. 이때의 속도와 속력을 구해 보면, 자동차의 속도는 1시간 동안 움직인 거리이므로 오른쪽으로 20km를 움직였으니까 20km/h입니다. 그리고 자동차가 1시간 동안 이동한 거리는 100km+80km=180km이므로 속력은 180km/h입니다.

검은색 자동차는 30분 동안 오른쪽으로 100km 그리고 이어서 30분 동안 같은 쪽으로 80km를 갔습니다. 역시 속도와 속력을 구해 봅시다. 자동차의 속도는 1시간 동안 움직인 거리이므로 오른쪽으로 180km를 움직였으니까 180km/h입니다. 그리고 자동차가 1시간 동안 이동한 거리는 100km+80km=180km이므로 속력은 180km/h입니다.

흰색 자동차와 검은색 자동차의 속도와 속력을 구해 보니 방향에 따라 변하는 것은 속도라는 것을 알 수 있습니다. 따라서 방향에 영향을 받는 것, 즉 방향을 가지는 속도는 '벡터'라고 하고, 방향을 가지지 않는 속력은 '스칼라'라고 합니다.

　주위의 어느 것이든 크기와 방향이 있는지를 알면 벡터인지 스칼라인지를 구분할 수 있습니다. 다음 시간에는 크기와 방향을 가진 벡터를 효과적으로 나타내기 위해 사용된 기호가 무엇인지, 그리고 벡터의 종류에는 어떤 것들이 있는지 알아보도록 합시다.

수업 정리

❶ 벡터

방향과 크기를 가진 양을 벡터라고 합니다. 예를 들어 힘, 속도, 바람과 같은 경우를 벡터라고 합니다.

❷ 스칼라

선분의 길이, 도형의 넓이, 온도와 같은 것을 스칼라라고 합니다.

화살표와 친한 벡터

2교시

벡터는 어떻게 나타낼까요?
벡터를 나타내는 방법과 벡터의 종류에 대해 알아봅니다.

수업 목표

1. 시점과 종점의 뜻을 알 수 있습니다.
2. 시점과 종점, 화살표를 이용하여 벡터를 나타낼 수 있습니다.
3. 벡터의 종류를 알 수 있습니다.

미리 알면 좋아요

1. 화살표

문장에 쓰이는 기호의 하나로 방향을 나타내는 화살 모양의 표시 '→', '←'입니다.

2. 수학에서의 차원

어느 한 점의 위치를 말하는 데 필요한 수의 최소 개수를 말합니다. 영화나 연극 등의 티켓을 보면 자리를 표시하기 위해 'B3'과 같은 기호가 있습니다. 두 번째 줄을 나타내는 B, 왼쪽에서 세 번째라는 것을 알려 주는 숫자 3과 같이 이 위치를 알려 주기 위해서 두 개가 필요할 때, 이를 2차원이라고 합니다.

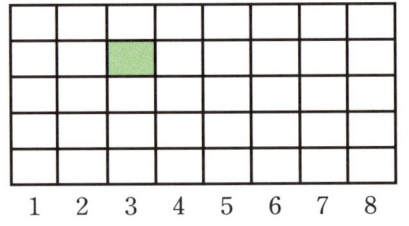

3. 데카르트

수학, 물리학, 의학 등 많은 자연 과학 분야에 업적을 남긴 근대 자연 과학의 아버지입니다. 수학적 증명만이 가장 과학적이고 정확한 것이라는 결론에 다다르면서 '나는 생각한다, 고로 존재한다.'는 말을 남긴 유명한 철학자이자 수학자입니다. 데카르트가 좌표계를 처음 도입하고 음수의 개념을 구체화하여 해석 기하학의 새로운 길을 열었기 때문에 복잡한 문제도 그림으로 간단하게 해결할 수 있게 되었습니다.

4. 좌표평면 만들기

두 개의 선을 가로와 세로로 하여 두 선이 원점에서 수직으로 만나도록 합니다. 이때 가로의 수직선의 이름을 x축, 세로의 수직선을 y축이라고 하며 원점은 두 수직선이 만나는 부분으로 O라고 나타냅니다.

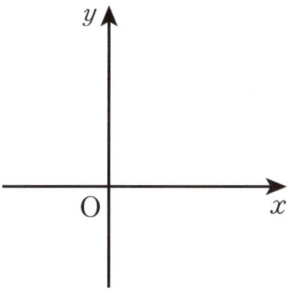

바일의 두 번째 수업

지난 시간에 크기와 방향을 함께 가지는 양을 벡터라고 배웠죠? 이번 시간에는 벡터를 나타내는 방법을 배워 봅니다. 수박 두 개를 여기 있는 세 명이 똑같이 나누어서 먹으려고 해요. 그러면 한 사람이 먹은 양을 분수로 어떻게 나타낼까요?

"두 개를 세 개로 나누었으니까 $\frac{2}{3}$로 나타낼 수 있어요."

맞습니다. 두 개를 3으로 나누었으니까 분자에는 2, 나누는 수인 3은 분모에 써서 나타내면 돼요. 이렇게 A를 0이 아닌 B로 나누었을 때 만들어지는 $\frac{A}{B}$를 분수라고 하죠? 분수를 $\frac{A}{B}$로 나타내는 것처럼 벡터도 표현하는 방법이 있습니다. 지금 내 옆에는 변신이 가능한 로봇이 있습니다. 그 로봇에게 주인을 지키기 위해 경복궁에서 창덕궁으로 오라는 연락이 왔습니다. 이 로봇이 이동한 경로를 지도에 한번 나타내 볼까요?

이동한 거리는 언제나 선분으로 그립니다. 그런데 그냥 선분으로 그으니까 어느 곳에서 어느 곳으로 이동한 것인지 잘 구분할 수 없어요. 그럼 어떻게 표시해야 구분이 될까요?

"화살표를 이용해서 나타내요!"

아~, 그런 방법이 있죠? 정말 좋은 조언을 해 주었어요. 출발한 곳이 경복궁이고 도착한 곳이 창덕궁이니까 지도에 이렇게 표시하면 되겠군요!

화살표를 이용해서 나타낸다는 것을 꼭 기억해요! 아주 중요

한 점이랍니다. 경복궁에서 창덕궁으로 위치가 변했죠? 이렇게 위치를 나타낼 때 유용한 것이 좌표입니다. 좌표는 수학자 데카르트가 명상하면서 만들었어요. 데카르트는 프랑스의 유명한 수학자이자 철학자예요. 평소 몸이 약했던 데카르트는 같은 또래의 소년들과 달리 침대에 누워 휴식을 취하는 경우가 더 많았답니다. 하루는 침대에 누워 천장에 붙어 있는 파리를 보고 있었어요. 그런데 갑자기 파리가 날더니 위치가 바뀌었답니다.

첫 번째 위치에서 두 번째 위치까지 얼마만큼 변한 것인지 파리의 위치를 나타낼 방법을 찾으려고 하다가 '좌표'를 생각하게 된 거예요. 자, 이 모눈종이를 봐 주세요!

이 모눈종이 한 눈금의 길이는 1이에요. 여기에 가로선과, 이

가로선과 수직인 세로선을 그어 보겠습니다.

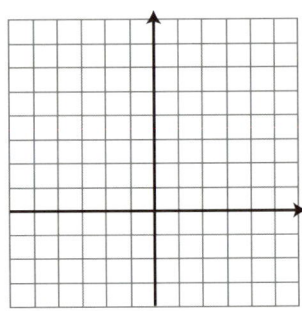

가로 수직선의 이름을 x축, 세로 수직선의 이름을 y축이라고 하고, 이 두 개의 축을 통틀어 좌표축이라고 합니다. 그리고 두 축이 만나는 점을 원점이라고 하고 O로 나타내요. 처음 파리가 있었던 위치를 점 A, 움직인 후의 위치를 점 B로 나타내어 그리면 좌표 위의 점 A와 B는 다른 위치에 있습니다. 각 점의 위치를 좌표에 나타냈어요. 그리고 이 위에 이동한 선을 그으려고 합니다. 어느 곳에서 어느 곳으로 이동한 것인지 잘 구분이 되도록 사용하는 선이 무엇이었죠?

"화살표예요!"

우리 친구들은 정말 수업을 잘 듣고 있군요. 화살표를 이용해서 표시해 보겠습니다.

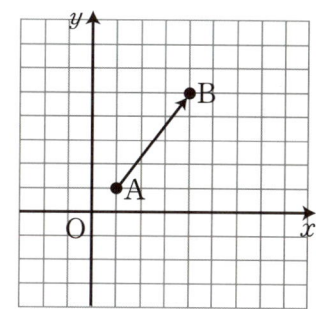

좌표의 점 A에서 점 B로 파리가 움직였어요. 그렇다면 방향이 있을까요?

"네!"

그렇죠. 또한 파리는 한 점에서 다른 점으로 옮겨 갔어요. 다시 말해 움직였으니까 거리도 있다는 이야기겠죠? 방향과 거리가 있다고 하면 생각나는 것은 무엇일까요?

"벡터요~!"

맞아요, 벡터입니다. 그럼 좌표에 그려진 것을 보고 벡터로 나타내기 위해 A에서 B로 선을 긋고 화살표 모양을 넣어서 방향을 표시해 볼게요.

$$\overrightarrow{AB}$$

벡터 를 기호로 나타낼 때 선분 AB의 이름을 a라고 하면 선분 위에 화살표를 그려서 벡터를 나타낼 수도 있습니다.

$$\vec{a}$$

쏙쏙 이해하기

벡터를 나타내는 방법

- 시작하는 점과 끝나는 점의 이름을 나란히 씁니다.
- 그 위에 선분을 그립니다.
- 끝나는 점 위에 화살표를 그립니다.

좌표평면 위에 다섯 개 점의 화살표와 각 선분에 붙여진 이름을 이용하여 벡터로 나타내 볼까요?

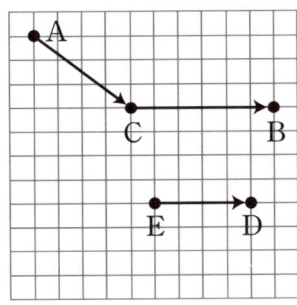

앞에서 알려 준 순서대로 점 A와 점 C를 이은 벡터를 나타내면 두 점을 나란히 AC라고 쓰고, 그 위에 선분을 그려 $\overline{AC}$라고 나타낸 후, 끝나는 점 C 위에 화살표 모양을 넣으면 $\overrightarrow{AC}$가 됩니다. 이 선분의 이름이 a라면 $\vec{a}$라고 나타낼 수도 있다고 했죠? 그럼 나머지 다른 벡터들도 나타내 볼까요?

점 C와 점 B를 연결한 벡터는 $\overrightarrow{CB}$, 점 E와 D를 연결한 벡터는 $\overrightarrow{ED}$로 나타낼 수 있어요. 벡터에는 크기가 있다고 했죠? 한

칸의 크기를 1이라고 하면 벡터 $\overrightarrow{CB}$의 크기는 6이 됩니다. 그럼 벡터 $\overrightarrow{ED}$의 크기는 4가 되겠죠? 이렇게 벡터를 나타내는 선분의 길이를 벡터의 크기라고 합니다. 벡터 $\overrightarrow{CB}$의 크기를 기호로 나타내면 $|\overrightarrow{CB}|$가 돼요. 이렇게 벡터의 크기는 화살표의 길이를 보고 알 수 있답니다.

벡터 $\overrightarrow{CB}$를 보면 시작하는 점이 C이고 끝나는 점이 B가 됩니다. 이렇게 시작하는 점 C를 한자의 '처음'이라는 뜻을 나타내는 始시를 이용하여 벡터의 시점始點이라고 해요. 그렇다면 끝나는 점은 무엇일지 짐작되나요? 우리는 버스 마지막 정거장을 종점이라고 하죠? '끝'이라는 뜻을 가진 終종을 이용하여 끝나는 점 B를 벡터의 종점終點이라고 합니다. 시점과 종점을 알면 벡터로 쉽게 표시할 수 있습니다.

"선생님! 벡터 $\overrightarrow{CB}$에서 알파벳 순서를 바꾸어 써도 되나요?"

좋은 질문이에요. 벡터를 나타내는 기호는 어디에서 어디로 움직였는지 알려 주는 것이니까 벡터 $\overrightarrow{CB}$에서 알파벳 순서를 바꾸어 BC라고 쓸 경우 위의 선분과 똑같이 선분을 그리고 화살표를 표시하면 됩니다. 그럼 여러분이 알파벳 순서를 바꾸어서 써 볼까요?

$$\overleftarrow{BC}, \overrightarrow{BC}$$

벡터를 나타내는 법을 배웠죠? 둘 다 시작하는 점과 끝나는 점의 이름을 나란히 쓰고 그 위에 선분을 그리는 것도 잘 썼어요. 그리고 마지막에는 끝나는 점 위에 화살표를 그린다고 했습니다. 벡터의 종점이 무엇인가요?

"점 B입니다."

종점 위에 화살표를 그려야 하니까 $\overleftarrow{BC}$라고 쓴 학생의 것이 올바른 표현입니다.

$$\overrightarrow{CB} = \overleftarrow{BC}$$

두 가지 표현 모두 맞지만 벡터를 쓸 때는 보통 시점을 왼쪽에 쓰고 종점을 오른쪽에 쓰는 경우가 많아요. 그럼 벡터 $\overrightarrow{BC}$와 벡터 $\overleftarrow{BC}$는 같은 벡터일까요? 아니면 다른 벡터일까요? 각각의 시점과 종점을 말해 볼까요?

"글쎄요, 잘 모르겠어요. 하지만 그림을 그리면 좀 더 쉽게 알 수 있을 것 같아요."

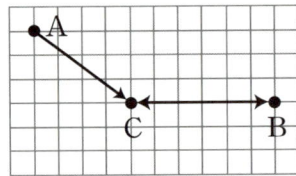

시점과 종점이 반대네요! 그럼 두 벡터의 크기는 어떤지 살펴보겠습니다.

점 벡터	시점	종점
$\overleftarrow{BC}$	C	B
$\overrightarrow{BC}$	B	C

한 칸의 크기를 1이라고 하면 벡터 $\overleftarrow{BC}$의 크기는 6입니다. 마찬가지로 벡터 $\overrightarrow{BC}$의 크기도 6이 됩니다. 방향만 정반대이고 같은 거리를 움직였을 때 그 크기는 어떨까요? 네! 크기는 같습니다. 이렇게 크기는 같지만 방향이 반대인 두 벡터를 기호로 나타낼 수 있습니다. 이때 여러분이 기억해야 하는 것이 있어요. 무엇일까요?

"벡터 앞에 '—'를 붙이면 방향이 반대로 바뀐다는 거죠!"

네, 맞습니다! 자, 그럼 $\overleftarrow{BC}$의 앞에 '—'를 붙이면 방향이 반대로 바뀌니까 시점과 종점이 서로 바뀌게 됩니다. $-\overleftarrow{BC}$의 시점은 B이고 종점은 C가 됩니다. 그러면 벡터 $\overrightarrow{BC}$와 시점과 종점이 같고 크기도 같으니까 똑같이 그릴 수가 있겠죠?

$$-\overleftarrow{BC}=\overrightarrow{BC}$$

파리가 움직인 것을 보고 위치를 표시할 방법을 찾기 위해 좌표를 찾은 데카르트처럼 여기저기 움직이는 파리를 보고 벡터의 종류를 알아봅시다.

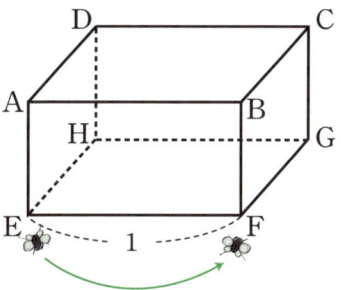

파리가 점 E에서 점 F로 갔다가 다시 점 E로 왔어요. 그럼 시점과 종점을 알면 벡터로 표시할 수 있다고 했죠? 시점을 앞에,

종점을 뒤에 써서 벡터로 표시해 봅시다.

시점 : 점 E
종점 : 점 E

그러면 $\overrightarrow{EE}$가 되는 거죠? 점 E에서 점 E까지 화살표를 이용해 좌표평면에 나타내면 어떻게 보일까요?

"점 E에서 점 F로 갔다가 다시 점 E로 왔으니까 로 표시해요."

우리가 물건을 당기는 힘은 크기와 방향이 주어져 있으므로 벡터입니다. 형과 동생이 물건을 당겼어요. 형은 오른쪽으로 크기 10만큼의 힘을 주었고, 동생은 왼쪽으로 크기 5만큼의 힘을 주었어요. 그럼 물건은 어느 쪽으로 얼마의 힘만큼 움직이게 될까요? 당연히 힘이 큰 형 쪽으로 두 힘의 차이인 5만큼 움직이게 될 거예요. 이렇게 물건이 움직이는 것을 나타내려면 시점에서 크기 5만큼 떨어진 종점까지 움직인 것을 선분으로 나타낸 후 이동한 방향으로 화살표를 그려 나타낼 수 있습니다.

 마찬가지로 파리의 시점과 종점을 표시하고 두 점을 선분으로 이어야 합니다. 그런데 점이 하나이니까 표시할 수가 없어요. 이렇게 시점과 종점을 잇는 선분의 길이가 0인 것, 즉 점으로 표시된 이 벡터를 영벡터라고 합니다. 숫자 0과 영벡터를 다르게 나타내기 위해 크기를 나타내는 0 위에 화살표 →를 이용하여 $\vec{0}$이라고 나타내요. 화살표 →가 있으니까 숫자 0과 영벡터 $\vec{0}$을 혼동하진 않겠죠?

 벡터는 움직인 거리와 방향을 나타내기 때문에 2차원 평면과 3차원 공간에서 모두 나타낼 수 있습니다. 2차원의 두 점 A, B를 이어서 나타낸 벡터 $\overrightarrow{AB}$를 평면벡터라고 하고 3차원의 두 점 A, B를 이어서 나타낸 벡터 $\overrightarrow{AB}$를 공간벡터라고 합니다.

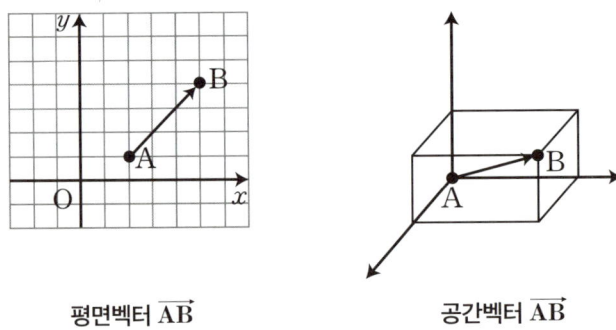

평면벡터 $\overrightarrow{AB}$　　　　공간벡터 $\overrightarrow{AB}$

 평면이나 공간에서의 벡터는 크기와 방향을 가지고 있으므로 똑같은 성질을 가지고 있습니다. 다음 시간에는 수많은 벡터 중에서 크기와 방향이 같은 벡터가 무엇이지 알아보고 직접 찾아보도록 합시다. 그럼 다음 시간에 봅시다~!

수업 정리

❶ 시작하는 점을 시점, 끝나는 점을 종점이라고 합니다. 이때 시점에서 종점을 향해 화살표를 그리면 방향과 크기가 있는 벡터를 그릴 수 있습니다.

❷ 벡터는 벡터를 나타내는 선분의 길이로 그 크기를 알 수 있습니다. 그리고 벡터 $\vec{AB}$의 크기를 기호로 나타내면 $|\vec{AB}|$가 됩니다.

❸ 벡터 앞에 '−' 기호를 붙이면 방향이 반대로 바뀝니다.

$$-\vec{BC}=\overleftarrow{BC}$$

❹ 2차원인 평면에서의 벡터를 평면벡터라고 하고, 3차원인 공간에서의 벡터를 공간벡터라고 합니다.

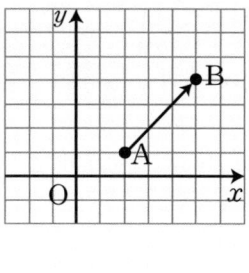 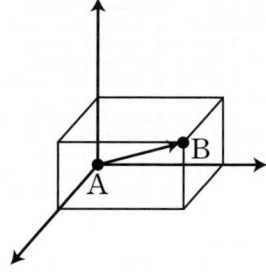

평면벡터 $\overrightarrow{AB}$ 공간벡터 $\overrightarrow{AB}$

방향과 크기가 같은
너와 나는 쌍둥이

쌍둥이처럼 똑같은 벡터는 무엇일까요?
같은 벡터가 무엇인지 알아봅시다.

수업 목표

1. 방향과 크기가 같은 벡터가 무엇인지 알 수 있습니다.
2. 같은 벡터를 그려 보고, 찾을 수 있습니다.

미리 알면 좋아요

1. 피타고라스

그리스의 수학자 피타고라스는 직각삼각형에 대한 '피타고라스 정리'를 최초로 증명한 사람입니다. 직각삼각형의 밑변과 높이, 빗변의 길이를 a, b, c라고 할 때 빗변의 길이의 제곱은 다른 두 변의 길이의 제곱의 합과 같습니다. 여기서 제곱이라는 것은 똑같은 수를 두 번 곱한 것으로 오른쪽 위에 작게 숫자 2를 써서 두 번 곱했다는 것을 표시합니다.

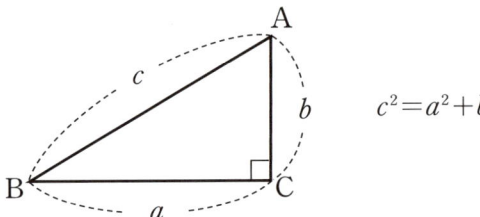

예를 들어 직각삼각형의 빗변을 제외한 두 변의 길이가 3, 4이면 빗변의 길이는 5가 됩니다.

$$5^2 = 3^2 + 4^2$$

2. 평행이동

평면상의 하나의 도형 위에 있는 모든 점을 같은 방향으로 같은 거리만큼 옮기도록 이동시키는 것을 평행이동이라고 합니다.

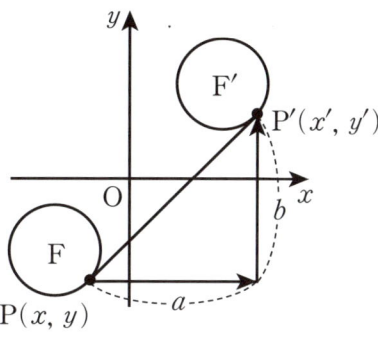

바일의
세 번째 수업

안녕하세요. 처음에 벡터가 무엇인지 설명을 들을 때는 새로 나온 용어라 낯설겠지만 힘, 돛단배를 움직이게 한 바람, 속도에서 벡터가 무엇인지, 그리고 어떻게 표현하는 것인지 배우면서 이제는 조금 친숙해졌을 것 같아요. 다음 그림을 한번 보세요.

두 점과 화살표가 있어요. 벡터로 한번 표현해 볼까요?

"$\overrightarrow{AB}$입니다!"

목소리가 우렁차네요! 벡터를 나타내는 방법을 아주 잘 알고 있는 같아요. 이 두 점을 좌표평면 위에 그려 보았어요.

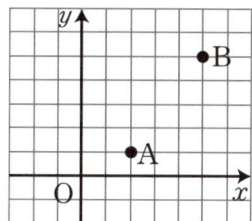

벡터 $\overrightarrow{AB}$와 벡터 $\overrightarrow{BA}$는 시점과 종점이 다른 벡터이지만 벡터 $\overrightarrow{BA}$ 앞에 '−'가 붙으면 같은 벡터라고 했죠? 벡터 $\overrightarrow{AB}$와 벡터 $-\overrightarrow{BA}$는 좌표평면 위에 똑같이 그려지므로 똑같은 방향과 크기를 가지고 있는 벡터랍니다.

겨울철 밤하늘을 올려다보면 한가운데에 보이는 별자리가 있습니다. 왼쪽과 오른쪽에 똑같은 모양의 별이 붙어 있는 이 별자리를 우리는 '쌍둥이자리'라고 합니다. 또한 한 부모로부터 나온 똑같이 닮은 2명 이상의 사람을 우리는 '쌍둥이'라고 합니다.

 똑같이 생겼다는 의미에서 쌍둥이라는 용어가 쓰이지만 공장에서 똑같이 만들어지는 인형들과 달리 쌍둥이를 자세하게 보면 눈의 크기가 다르거나 점의 위치가 다르게 있는 등 다른 점도 발견할 수 있습니다.

 벡터에서도 쌍둥이와 비슷한 점이 있답니다. 똑같은 방향과 크기를 갖는 벡터는 같은 벡터라고 합니다. 여기에서 '같다'라는 말은 쌍둥이가 닮았다고 말하는 것처럼 것으로 보기에는 조금 다르게 보일 수도 있어요. '두 벡터가 같다.'는 것이 무엇을 의미하는지 알아봅시다.

우선 벡터의 뜻부터 한번 생각해 봅시다. 벡터는 크기와 방향을 가지고 있는 양을 말합니다. 그렇다면 수레를 끄는 힘은 무엇일까요?

"벡터입니다."

네, 힘은 벡터가 맞습니다. 이제 현승이와 윤서가 끄는 두 수레를 봅시다.

현승이와 윤서가 땡 하고 수레를 끌어서 똑같은 힘으로 같은 시간 동안 같은 거리를 이동한 후 멈추었어요. 이번에는 방향을 볼까요? 둘 다 같은 크기로 오른쪽으로 수레를 끌고 있어요. 현승이와 윤서가 수레를 당기는 힘은 크기와 방향을 가지고 있으니까 벡터입니다. 벡터라는 것은 양을 나타낸다고 했어요. 현승이와 윤서가 가지고 있는 양은 어떨까요?

"같아요!"

그렇습니다. 앞에서 말했듯이 벡터라는 것은 양을 나타내는 말입니다. 그래서 현승이와 윤서가 수레를 끄는 힘을 나타내는 두 벡터는 크기와 방향이 같습니다. 크기와 방향이 같은 현승이와 윤서의 벡터를 좌표평면 위에 나타내면 어떤 그림이 나올까요?

좌표평면에서 같은 벡터 나타내기

현승이와 윤서가 서 있는 곳은 지금 다른 곳입니다. 현승이가 서 있는 곳의 위치를 점 A라고 하고 윤서가 서 있는 곳의 위치를 점 C라고 합시다.

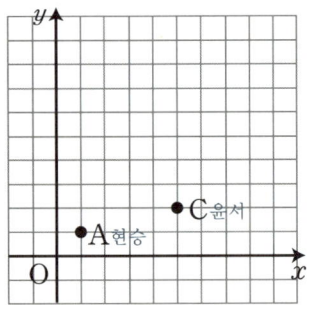

그리고 같은 방향으로 힘을 끌었으니까 같은 방향으로 선을 그어 봅시다.

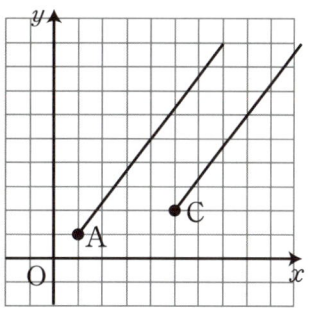

이번에는 선의 길이로 얼마만큼의 힘을 주었는지 나타낼 거예요. 그러면 두 선분의 길이가 같아야겠죠? 자로 똑같이 5만큼의 길이가 되는 곳을 찾아 점 B, D라고 합시다.

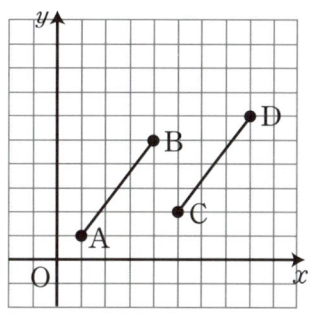

시점과 종점의 구분을 하기 위해 화살표 표시를 했어요.

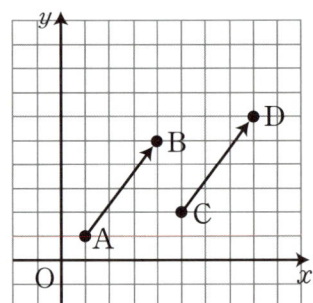

좌표평면에 현승이가 끌고 있는 힘을 나타내는 벡터 $\overrightarrow{AB}$와 윤서가 끌고 있는 힘을 나타내는 벡터 $\overrightarrow{CD}$를 그려 보았습니다. 같은 벡터인 두 벡터 $\overrightarrow{AB}$와 $\overrightarrow{CD}$는 크기가 모두 5이고 평행한 선에서 알 수 있듯이 방향도 같습니다. 그런데 좌표에 나타내어 보니까 그려져 있는 위치가 다릅니다. 하지만 똑같은 양을 나타내기 때문에 그려져 있는 위치가 다른 것은 상관이 없습니다.

> **쏙쏙 이해하기**
>
> 두 벡터를 나타내는 선분의 길이가 같고
> 같은 방향으로 그려져 있으면 두 벡터는 같습니다.

다음과 같이 $\vec{a}$를 그려 보았습니다. 이 벡터와 같은 벡터는 얼마나 그릴 수 있을까요?

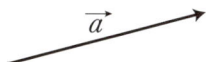

왼쪽에 한번 그려 볼까요?

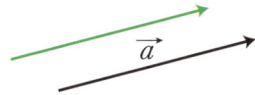

이번에는 오른쪽에 그려 볼까요?

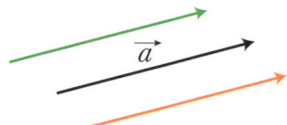

이렇게 같은 벡터는 원래의 벡터 $\vec{a}$와 평행하고 길이가 같은 선분에 화살표를 표시하여 나타낼 수 있습니다. 이렇게 벡터를 평행이동한 무수히 많은 벡터는 서로 같습니다.

> **쏙쏙 이해하기**
> 벡터 $\vec{a}$와 같은 벡터는 무수히 많습니다.

좌표평면의 평행사변형 ABCD에 벡터를 표시해 보았습니다.

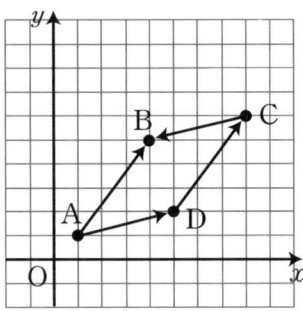

벡터 $\overrightarrow{AB}$와 벡터 $\overrightarrow{DC}$는 크기와 방향이 같으므로 $\overrightarrow{AB}=\overrightarrow{DC}$라고 합니다. 하지만 벡터 $\overrightarrow{AD}$와 $\overrightarrow{CB}$는 크기는 같지만 방향이 다르므로 $\overrightarrow{AD}\neq\overrightarrow{CB}$라고 합니다. 이렇게 서로 다른 벡터 중에서 크기가 정반대인 벡터 두 개를 같게 표현하기 위해 앞에 '−'를 붙이므로 $\overrightarrow{AD}=-\overrightarrow{CB}$라고 표현할 수도 있습니다. 그렇다면 아래 그림의 평면벡터에서 같은 벡터는 무엇이 있을까요?

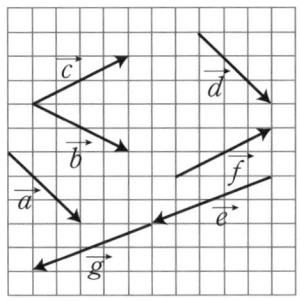

"$\vec{a}=\vec{d}$, $\vec{c}=\vec{f}$, $\vec{e}=\vec{g}$ 가 있어요!"

평면벡터는 너무 자신만만하게 찾는군요. 과연 공간벡터에서도 그럴 수 있을까요?

짜잔~! 이것은 내가 좋아하는 벡터 상자예요. 상자의 모서리의 길이는 모두 1로 같아요.

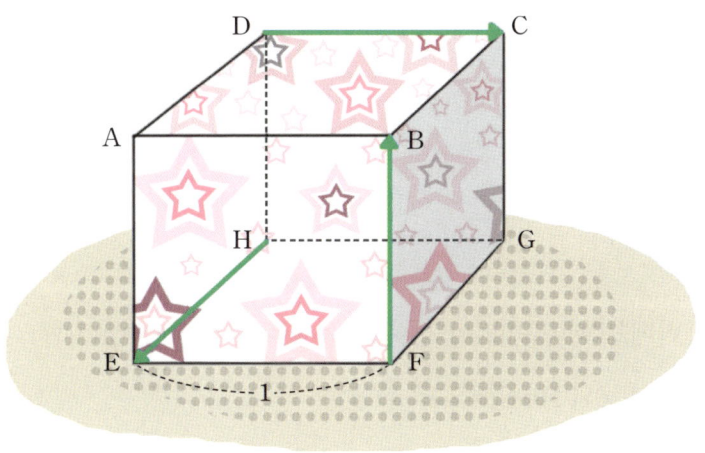

벡터 상자에는 세 가지 벡터가 그려져 있습니다. 이 상자는 열 때마다 벡터를 공부하는 데 꼭 필요한 수학 기호들이 나옵니다. 무엇이 있을지 궁금하죠? 이 상자를 열 수 있는 방법은 딱 하나! 똑같은 벡터를 모두 찾아서 알라딘의 요술 램프를 문지르듯이 시점에서 종점으로 문질러 주면 상자를 여는 데 성공

할 수 있어요. 한번 확인해 볼까요? 자, 그럼 벡터 $\overrightarrow{DC}$부터 시작해 봅시다. 어떻게 찾을까요?

"가로의 길이요!"

"길이는 다 같으니까 방향이 같은 것을 찾으면 되지요!"

사각형의 윗면부터 봅시다. 벡터 $\overrightarrow{DC}$와 같은 가로의 길이를 나타내는 선분은 $\overline{AB}$입니다. 방향이 오른쪽을 향하니까 종점을 B로 하면 되겠죠?

$$\overrightarrow{DC} = \overrightarrow{AB}$$

이번에는 아랫면에서 같은 것을 찾아볼까요?

"선분 EF와 HG입니다."

네, 마찬가지로 이 선분들도 오른쪽을 향하게 하면 종점이 F와 G이므로 $\overrightarrow{EF}, \overrightarrow{HG}$가 같은 벡터입니다.

$$\overrightarrow{DC} = \overrightarrow{AB} = \overrightarrow{EF} = \overrightarrow{HG}$$

그럼 상자가 열리는지 확인해 볼까요?

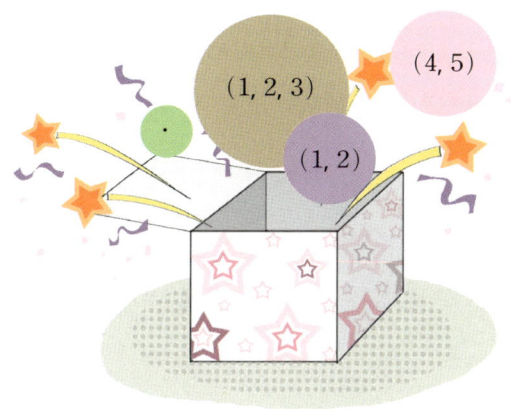

점과 순서쌍이 나왔네요. 자, 이번에는 $\overrightarrow{FB}$와 같은 벡터를 찾는 거예요. 높이를 나타내는 선분의 방향을 위쪽으로 하여 벡터를 찾으면 쉽겠죠? 여러분이 하나씩 불러 주면 상자를 문질러 보도록 할게요. 학생들은 상자를 자세하게 살펴보면서 벡터의 이름을 하나씩 불러 봅니다.

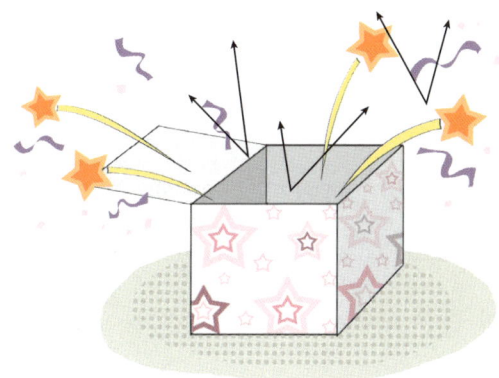

"벡터 $\overrightarrow{GC}$, 벡터 $\overrightarrow{HD}$, 벡터 $\overrightarrow{EA}$."

이번에 시점이 같은 벡터 두 개가 붙어 있는 것이 나왔네요. 자, 마지막으로 $\overrightarrow{HE}$와 같은 벡터는 무엇일까요?

"벡터 $\overrightarrow{GF}$, 벡터 $\overrightarrow{DA}$, 벡터 $\overrightarrow{CB}$."

앗, 상자가 또 꿈틀대는군요! 이번에는 무엇이 나오려고 하는 걸까요?

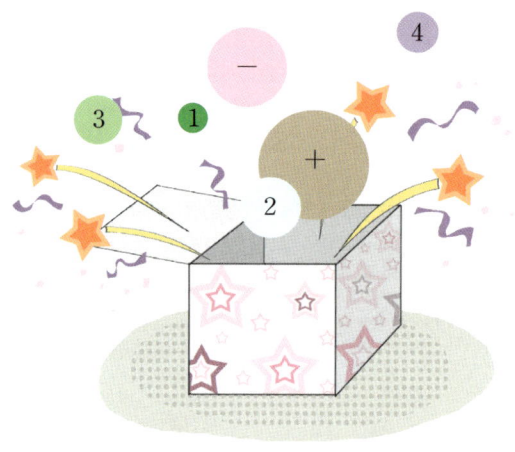

우리에게 익숙한 더하기, 빼기와 숫자들이네요. 똑같은 가로의 길이에서 방향을 생각하면서 같은 벡터를 잘 찾았어요. 이 상자에서 나온 것 중에서 제일 먼저 어떤 것부터 배워 볼까요?

"제일 쉬울 것 같은 더하기, 빼기랑 숫자요~!"

그래요. 여러분이 원하는 것부터 배워 봅시다. 다음 시간에는 벡터끼리 어떻게 더하고 빼는지, 크기를 숫자 1, 2, 3, 4만큼 어떻게 늘릴 수 있는지 알아보도록 합시다. 벡터의 연산이 얼마나 신기하고 재미있을지 기대되죠?

수업 정리

두 벡터의 크기와 방향이 같을 때 두 벡터를 같은 벡터라고 합니다. 그리고 같은 벡터는 무수히 많이 있습니다.

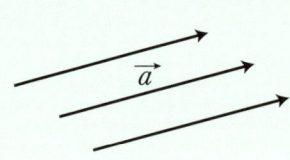
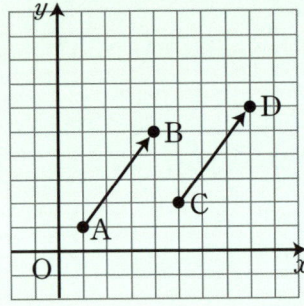

4교시

벡터의 연산

벡터의 덧셈, 뺄셈, 실수배란 무엇일까요?
도형을 이용하여 벡터의 연산을 해 봅시다.

수업 목표

벡터의 연산인 덧셈, 뺄셈, 실수배를 할 수 있습니다.

미리 알면 좋아요

1. 평행사변형

두 쌍의 마주 보고 있는 변이 서로 평행한 사각형을 평행사변형이라고 합니다. 그리고 이웃하고 있지 않은 두 점을 이은 선을 대각선이라고 합니다. 평행사변형에는 대각선을 두 개 그을 수 있습니다.

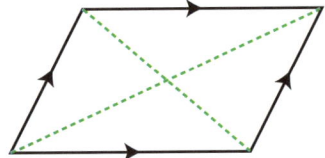

2. 괄호

말이나 글, 숫자 등을 한데 묶기 위하여 사용하는 부호입니다. 수학에서는 식을 계산할 때 순서를 나타내기 위해 사용합니다. 활 모양의 '( )'를 소괄호라고 하여 묶는 범위가 가장 작은 것을 말하고, 사람의 두 팔을 벌려 감싸안은 모양을 나타내는 '{ }'는 묶는 범위가 중간이기 때문에 중괄호라고 합니다. 또한 묶는 범위가 가장 큰 '[ ]'를 대괄호라고 합니다.

3. 양수와 음수

1층, 2층과 같이 우리가 쓰는 1, 2, 3을 양수라고 하고, 지하 1층의 －1, 지하 2층의 －2와 같은 것을 음수라고 합니다. 양수는 양의 부호인 '＋'를 사용하여 나타내거나 생략해서 나타내고 음수는 음의 부호인 '−'를 사용하여 나타냅니다. 이것을 수직선에 나타내면 0을 기준으로 오른쪽을 양수, 왼쪽을 음수라고 합니다.

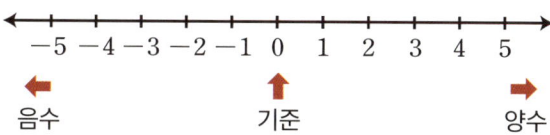

4. 실수 實數

영어 real number를 번역하여 만들어진 것으로 영어 real은 '실재하는'이라는 뜻이 있습니다. 즉, 실수는 실제로 존재하는 수로 프랑스의 수학자 데카르트가 처음 사용한 것으로 알려져 있습니다.

바일의
네 번째 수업

    지난 시간에는 같은 벡터가 무엇인지, 평면이나 공간에서 어떻게 구할 수 있는지 알아보았습니다. 그런데 벡터는 밀물과 썰물, 바람 등을 고려하여 배를 움직이도록 하는 운동과 같이 물체의 운동과 균형을 다루는 역학이라는 물리학의 한 분야에서 계산하기 위해 만들어진 이론입니다. 이런 계산을 어떻게 하나 궁금하지요? 그럼 첫 시간에 배운 내용을 다시 한번 생각해 봅시다.

    장난감을 가지고 오빠와 동생이 서로 정반대로 당겼을 때 그

장난감은 오빠가 주는 힘 쪽으로 움직인다고 했습니다. 이렇게 물체에 두 개의 힘이 작용했을 때 그 힘이 작용하여 움직이게 되는 방향과 크기를 구하는 것이 역학입니다.

서쪽에서 동쪽으로 흐르는 강을 건너려는 배가 있어요. A지점에서 출발해서 B지점까지 운행하려고 합니다. 배의 머리를 B쪽으로 하여 움직이면 배는 B지점으로 움직일 수 있을까요?

배가 움직이는 방향과 강이 흐르는 물의 방향을 보면 강물은 동쪽으로 힘을 주고 있고 배는 남쪽으로 힘을 주고 있습니다.

배는 A에서 B로 가려고 하지만 강물이 서쪽에서 동쪽으로 흐르기 때문에 배는 점점 가려고 하는 B보다 동쪽으로 내려간 지점으로 가게 됩니다. 그렇다면 어떤 방향으로 가면 배가 B지점으로 움직일 수 있을까를 생각해야 배의 방향을 정하고 움직일 수 있습니다. 이렇게 A에서 B 방향으로 가려는 물건에 다른 방향c을 가진 힘이 주어졌을 때 두 힘을 합성하면 어떤 방향을 가진 힘이 생길까요? 우리 주변에서 두 힘이 주어지는 경우는 언제나 정반대 방향으로만 주어지는 것이 아니랍니다. 그래서 수학자들은 두 힘을 더하는 경우 어떤 방향으로 얼마만큼 움직일 수 있는지 구하는 방법을 고민하기 시작했습니다. 수학자들은 그 고민을 해결할 수 있었을까요? 오랜 연구 끝에 수학자들은 벡터의 연산을 해결할 수 있는 방법을 발견했습니다. 그 해결 방법은 두 힘을 차례로 주어 물건이 어디로 움직이는지 알아보는 것입니다. 배가 주는 힘과 강물의 힘이 어느 방향으로 가는지 정확하게 알 수 있는 방법을 찾아봅시다. 우선 하나의 힘을 벡터로 표시합니다.

배가 움직이는 힘만 있었다면 배는 B에서 멈추었을 거예요. 하지만 강물의 힘이 있으므로 강물의 힘만큼 더 이동해야 합니다. 그래서 B에서 강물의 힘만큼 배를 움직여서 멈춘 곳을 C라고 표시합니다.

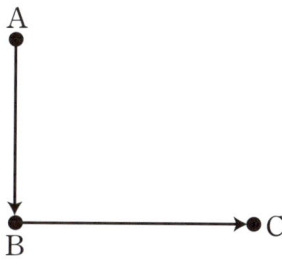

배가 주는 힘과 강물의 흐르는 힘을 합성하여 배가 처음 있던

곳부터 마지막으로 멈춘 곳까지를 표시하여 봅시다.

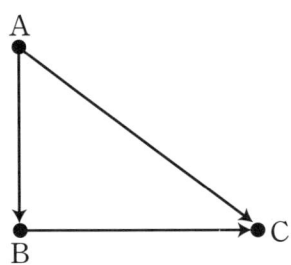

배가 움직이는 것을 보면 방향은 동남쪽을 향하고 힘의 크기는 화살표의 '길이'만큼입니다. 즉, 배가 움직이는 것은 크기와 방향을 가진 벡터가 되므로 시점 A와 종점 C를 이용하여 $\overrightarrow{AC}$로 나타낼 수 있습니다.

벡터와 벡터의 합성은 '벡터'가 됩니다. 배가 주는 힘을 나타내는 벡터 $\overrightarrow{AB}$와 흐르는 강물의 힘을 나타내는 벡터 $\overrightarrow{BC}$의 힘을 합성하여 배가 움직인 것을 나타낸 벡터는 $\overrightarrow{AC}$입니다. 이렇게 나타낼 수 있는 벡터 $\overrightarrow{AC}$를 '두 벡터 $\overrightarrow{AB}$와 $\overrightarrow{BC}$의 합'이라고 하고 더하기 기호 '+'를 이용하여 나타냅니다.

$$\overrightarrow{AB}+\overrightarrow{BC}=\overrightarrow{AC}$$

벡터의 합을 나타내는 식 '$\vec{AB}+\vec{BC}=\vec{AC}$'를 자세히 살펴보면 배가 움직이는 방향과 결과를 잘 알 수 있기 때문에 식으로 나타내어진 벡터의 합도 쉽게 구할 수 있습니다. 우선 벡터 $\vec{AB}$를 살펴보면 A →B로 이동했다는 것을 알 수 있습니다. 그리고 벡터 $\vec{BC}$를 살펴보면 B →C로 이동했다는 것을 알 수 있습니다. 그렇게 전체 이동 경로를 이어 보면 A에서 B로 가고 그리고 B에서 C로 가게 됩니다.

배의 이동 경로 : A →B →C

그러면 A에서 시작하고 C에서 끝나므로 두 벡터의 합은 시점을 A, 종점을 C로 하는 벡터 $\overrightarrow{AC}$가 됩니다.

"선생님, 그러면 배가 주는 힘과 강물의 힘을 나타내는 벡터의 순서를 바꿔서 해도 되나요?"

네, 순서를 바꾸어도 상관없어요. 한번 확인해 볼까요? 흐르는 강물의 힘을 벡터 $\overrightarrow{AD}$로 나타내고 배가 가는 힘을 나타내는 벡터 $\overrightarrow{DC}$를 표시해 봅시다. 그러면 결국 배는 A에서 C로 움직이게 됩니다.

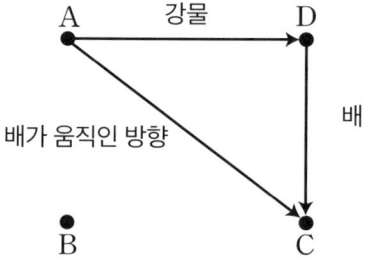

$$\overrightarrow{AD} + \overrightarrow{DC} = \overrightarrow{AC}$$

그림을 잘 보면 A에서 D를 거쳐 C로 도착한다는 것을 알 수 있습니다. 결국 시점을 A로 하고 종점을 C로 하는 벡터 $\overrightarrow{AC}$로 나타낼 수 있습니다.

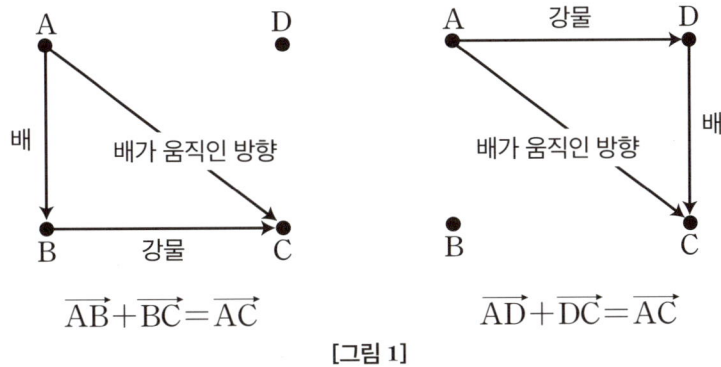

[그림 1]

[그림 1]의 두 그림에서 벡터 $\vec{AB}$와 $\vec{DC}$는 서로 어떤 관계가 있을까요? 두 벡터 모두 배가 이동하는 힘을 나타내는 벡터이므로 크기와 방향이 같은 벡터입니다. 이 벡터를 $\vec{a}$라고 합시다. 마찬가지로 벡터 $\vec{BC}$와 $\vec{AD}$ 모두 흐르는 강물의 힘을 나타내는 같은 벡터이므로 이 벡터를 $\vec{b}$라고 하고 두 가지 경우의 그림을 같이 그려 보겠습니다.

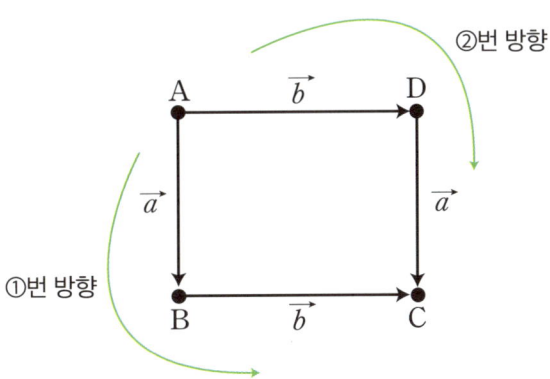

①번 방향 A → B → C로 움직인 벡터의 합 : $\vec{a}+\vec{b}=\overrightarrow{AC}$

②번 방향 A → D → C로 움직인 벡터의 합 : $\vec{b}+\vec{a}=\overrightarrow{AC}$

결국, 두 벡터의 합 $\vec{a}+\vec{b}$와 $\vec{b}+\vec{a}$는 $\overrightarrow{AC}$

$$\therefore \vec{a}+\vec{b}=\vec{b}+\vec{a}$$

이렇게 두 벡터 $\vec{a}$와 $\vec{b}$를 서로 위치를 앞뒤로 바꾸어 덧셈을 해도 똑같을 때 이것을 덧셈에 대한 '교환법칙'이 성립한다고 합니다. 이렇게 벡터의 덧셈은 주어진 두 개의 힘을 순서대로 이은 후 삼각형 모양을 그려서 계산할 수 있습니다. 벡터의 합은 삼각형을 이용하여 구하기도 하지만 평행사변형을 이용하여 구하기도 합니다. 수레에 두 가지 힘이 주어졌을 때 어떻게 움직이는지 한번 볼까요?

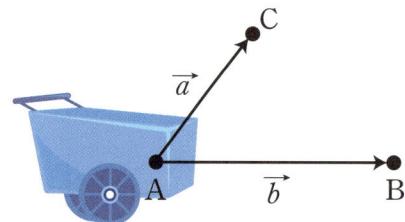

벡터 $\overrightarrow{AC}$와 같은 시점이 무수한 벡터 중 종점을 B로 하여 그

려 봅시다. 벡터 $\vec{AC}$와 같은 벡터를 평행이동을 이용하여 그린 후 종점을 D라고 합시다. 그리고 벡터 $\vec{AB}$와 같으며 점 C를 지나는 벡터도 그려 봅시다.

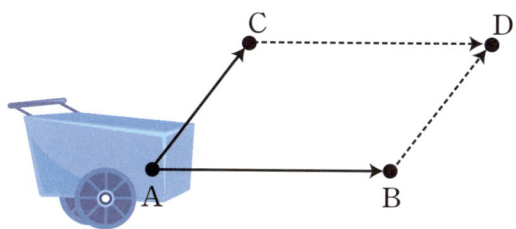

이제 평행사변형이 보이죠? 우리는 앞에서 두 벡터의 합을 구할 때 두 가지 힘을 순서대로 작용하여 처음의 점이 어디로 이동하는지를 살펴보았습니다. 이처럼 수레는 점 A → B → D 순으로 움직이므로 두 벡터 $\vec{a}$와 $\vec{b}$의 합은 $\vec{AD}$가 됩니다. $\vec{AD}$를 그림에 표시해 볼게요.

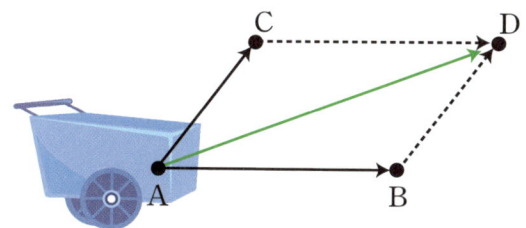

평행사변형 ABDC에서 양변의 벡터의 합을 표시하면 대각선이라는 것을 알 수 있습니다. 이렇게 벡터의 덧셈은 삼각형이나 평행사변형을 이용하여 구합니다. 하지만 항상 힘이 주어질 때 [그림 2]와 같이 두 벡터가 이어져 있지 않고 [그림 3]과 같이 주어지는 경우가 많습니다.

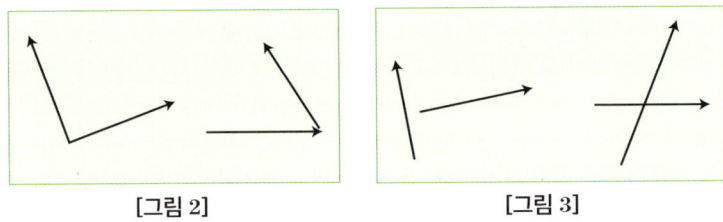

[그림 2]   [그림 3]

[그림 3]과 같이 이어져 있지 않은 경우에는 벡터의 합을 어떻게 구할 수 있을까요? 같은 벡터를 이용하면 쉽게 합을 구할 수 있습니다.

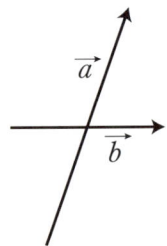

$\vec{b}$를 평행이동하여 $\vec{b}$와 같은 벡터를 그려서 $\vec{a}$와 이어지도록 움직여 볼까요?

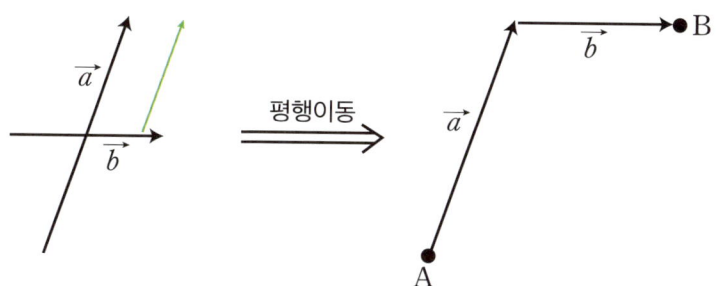

평행이동하여 나타낸 두 벡터 $\vec{a}$와 $\vec{b}$를 보면 시점이 A이고 종점이 B이므로 두 벡터의 합은 $\overrightarrow{AB}$가 됩니다. 이렇게 벡터는 크기와 방향만으로 정해지는 것이므로 덧셈할 때는 이어지도록 적당하게 평행이동을 하여 구하면 됩니다.

벡터의 덧셈

삼각형이나 평행사변형을 이용하면 쉽게 벡터의 덧셈을 할 수 있습니다. 두 벡터의 합에서 $\vec{a}$와 $\vec{b}$를 서로 위치를 앞뒤로 바꾸어 계산할 수 있는 교환법칙은 벡터의 합이 가진 성질 중의 하나입니다. 다른 성질은 어떤 것들이 있는지 궁금하죠? 지금까지 두 벡터의 합을 계산해 보았습니다. 이번에는 다음 세 벡터 $\vec{a}, \vec{b}, \vec{c}$의 합을 계산해 봅시다.

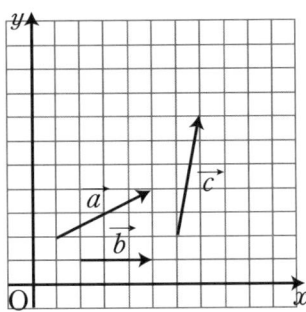

$\vec{a}+\vec{b}+\vec{c}$를 구하기 위해 순서를 정해서 계산해 볼까요? $\vec{a}$와 $\vec{b}$를 더한 후 $\vec{c}$를 더하기 위해서 이 순서대로 더해질 수 있도록 벡터를 이동해서 나타냈어요.

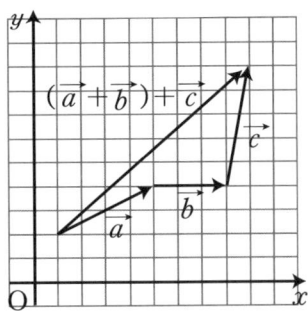

처음 시작한 곳에서 끝나는 곳까지 이동한 벡터 $(\vec{a}+\vec{b})+\vec{c}$를 보니까 오른쪽으로 8칸, 위쪽으로 7칸 이동한 벡터입니다. 이번에는 $\vec{b}$와 $\vec{c}$를 더한 후 $\vec{a}$를 더해 봅시다. 우선 $\vec{b}, \vec{c}, \vec{a}$ 순으로 벡터를 연결하여 놓은 후 시점과 종점을 이어 $\vec{a}+(\vec{b}+\vec{c})$를 그려 보았어요.

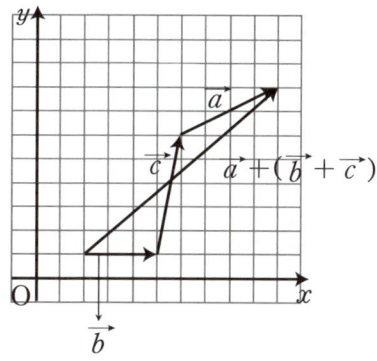

$\vec{a}+(\vec{b}+\vec{c})$도 $(\vec{a}+\vec{b})+\vec{c}$처럼 오른쪽으로 8칸, 위쪽으로 7칸 이동한 벡터입니다. 그러니까 똑같은 크기와 방향을 가진 벡터죠? 그래서 벡터의 덧셈에서는 어떤 것을 먼저 묶어서 계산하더라도 결과가 같습니다. 이렇게 우선 계산할 것을 묶을 때 어느 것을 먼저 묶든 결과가 같은 것을 결합법칙이라고 합니다. 따라서 벡터의 덧셈은 결합법칙이 성립합니다.

자, 내가 칠판에 적은 것을 한번 보세요.

$\vec{a}$와 $\vec{0}$의 덧셈은 어떤 결과가 나올까요? $\vec{a}+\vec{0}$는 $\vec{a}$가 가진 힘의 양으로 물건을 옮긴 후 $\vec{0}$만큼 또 움직여야 합니다. 하지만 $\vec{0}$는 크기가 없으므로 더 움직여지지 않겠죠? 그래서 $\vec{a}+\vec{0}=\vec{a}$가 됩니다. 마찬가지로 $\vec{0}+\vec{a}$도 $\vec{a}$만큼 움직이게 됩니다.

$$\vec{a}+\vec{0}=\vec{0}+\vec{a}=\vec{a}$$

이번에는 $\vec{a}$와 $-\vec{a}$를 더해 볼까요?

우선 $\vec{a}$는 점 A에서 점 B로 움직입니다. 그리고 $-\vec{a}$는 $\vec{a}$와 시점과 종점이 반대이므로 점 B에서 점 A로 움직이게 됩니다. 즉, A → B → A로 움직이므로 시점과 종점이 모두 A입니다. 시점과 종점이 같은 벡터는 무엇일까요? 그렇습니다. 바로 $\vec{0}$입니다. 따라서 이것을 식으로 나타내 보면 $\vec{a}+(-\vec{a})=\vec{0}$이 됩니다. 벡터의 덧셈은 벡터를 이어서 연결한 후 시점과 종점을 이으면 쉽게 구할 수 있어요.

벡터의 뺄셈

벡터의 덧셈을 공부해 보았습니다. 이제 뺄셈을 한번 공부해 볼까요? 덧셈과 마찬가지로 뺄셈도 벡터를 연결하여 쉽게 계산할 수 있어요. 좌표평면에 그려져 있는 $\overrightarrow{AB}$와 $\overrightarrow{DB}$의 뺄셈을 해 봅시다.

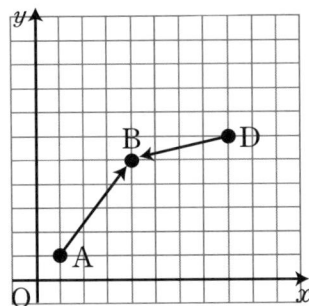

자, 벡터의 뺄셈은 어떻게 표현할 수 있을까요? 덧셈과 마찬가지로 벡터의 뺄셈은 우리가 알고 있는 마이너스 기호 '−'를 이용하여 나타냅니다.

$$\overrightarrow{AD} - \overrightarrow{DB}$$

자, $\overrightarrow{DB}$와 $-\overrightarrow{DB}$의 차이가 무엇인지 기억나는 사람 있나요? 아, 저기 현승이가 손을 들었군요!

"방향이 반대라는 뜻입니다!"

조금 더 정확하게 대답해 볼까요?

"시점과 종점이 반대인 벡터입니다."

맞아요. 벡터 앞에 '−'를 붙이면 방향이 반대로 바뀌니까 시점과 종점이 서로 바뀌게 돼요. $\overrightarrow{DB}$의 시점은 D, 종점은 B이니까

$-\overrightarrow{DB}$ 시점은 B, 종점은 D가 되어 $-\overrightarrow{DB}$는 $\overrightarrow{BD}$와 같습니다. 그렇다면 그림에서 $-\overrightarrow{DB}$와 같은 벡터 $\overrightarrow{BD}$로 바꾸어 그려 볼까요?

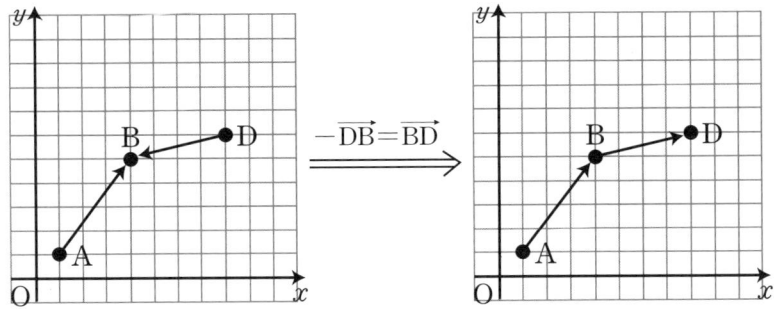

두 벡터 $\overrightarrow{AB}$와 $\overrightarrow{DB}$의 뺄셈 $\overrightarrow{AB}-\overrightarrow{DB}$의 왼쪽 그림은 오른쪽 그림과 같은 식을 나타내는 것이므로 오른쪽 그림으로 구하면 되겠죠? 오른쪽 그림에서 두 힘은 A에서 B를 거쳐 D로 움직이게 했으므로 시점은 A, 종점은 D가 되므로 두 힘의 합성은 $\overrightarrow{AD}$가 됩니다. 그림이 나타내는 식을 자세하게 살펴봅시다.

왼쪽 그림이 나타내는 식 : $\overrightarrow{AB}-\overrightarrow{DB}$

오른쪽 그림이 나타내는 식 : $\overrightarrow{AB}+\overrightarrow{BD}$

왼쪽 그림에서 두 벡터의 차差는 오른쪽 그림으로 나타낼 수 있으므로 두 식 '$\overrightarrow{AB}-\overrightarrow{DB}$'와 '$\overrightarrow{AB}+\overrightarrow{BD}$'는 같습니다.

$$\overrightarrow{AB}-\overrightarrow{DB}=\overrightarrow{AB}+\overrightarrow{BD}$$

벡터의 뺄셈 '$\overrightarrow{AB}-\overrightarrow{CB}$'을 하는 순서

1. 마이너스 기호 '$-$'가 붙은 벡터의 시점과 종점을 바꿉니다.

$$-\overrightarrow{CB}=\overrightarrow{BC}$$

2. $\overrightarrow{AB}$와 시점과 종점을 바꾼 $\overrightarrow{BC}$의 합을 구합니다.

이렇게 벡터의 뺄셈은 덧셈으로 바꾸어 계산할 수 있습니다.

벡터의 덧셈과 마찬가지로 뺄셈도 평행사변형을 이용하여 구할 수 있습니다. 다음 두 벡터 $\vec{a}$와 $\vec{b}$를 나타낸 평행사변형을 이용하면 $\vec{a}-\vec{b}$도 쉽게 구할 수 있어요.

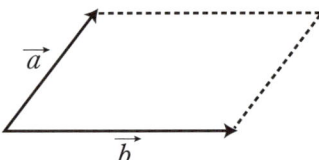

벡터의 뺄셈을 하는 순서대로 $\vec{a}-\vec{b}$를 구해 봅시다. 첫 번째, 우선 $-\vec{b}$를 표시해야겠죠? $\vec{b}$와 크기가 같고 방향이 반대인 $-\vec{b}$를 표시했어요. 두 번째, $\vec{a}$와 $-\vec{b}$의 합을 구해야 합니다.

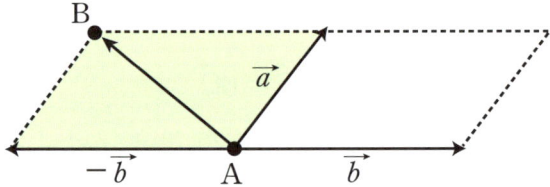

$\vec{a}$와 $-\vec{b}$가 그려진 색칠한 평행사변형에서 벡터의 합은 평행사변형의 대각선으로 구할 수 있으니까 $\vec{a}-\vec{b}=\overrightarrow{AB}$가 됩니다.

벡터의 실수배

현승이와 윤서가 수레를 같이 오른쪽으로 끌고 있어요. 현승이와 윤서는 각각 수레를 끌면 1시간 동안 1m를 끌 수 있어요.

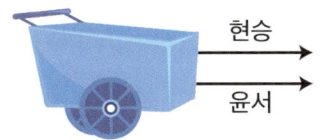

　둘이 같이 1시간 동안 수레를 끌면 힘이 두 배가 되므로 오른쪽으로 2m를 움직이게 됩니다. 즉, 두 방향과 크기가 같은 두 힘의 합성은 방향은 그대로 오른쪽이고 크기는 두 배가 되는 것입니다. 현승이와 윤서가 수레를 끄는 힘을 벡터로 나타내어 봅시다.

$$\text{현승이가 끄는 수레의 힘} : \vec{a}$$

　윤서도 현승이와 같은 방향이고 힘의 크기가 같으므로 같은 벡터입니다.

$$\text{윤서가 끄는 수레의 힘} : \vec{a}$$

　다음은 현승이와 윤서의 힘을 벡터로 그린 거예요.

현승 $\xrightarrow{\vec{a}}$

윤서 $\xrightarrow{\vec{a}}$

현승이와 윤서의 힘의 합을 벡터로 나타내면 $\vec{a}+\vec{a}$가 됩니다. 현승이의 힘이 주어진 후 윤서의 힘을 표시하면 다음과 같습니다.

$$\underset{\text{현승}}{\vec{a}} \quad \underset{\text{윤서}}{\vec{a}} \longrightarrow$$

$\vec{a}+\vec{a}$는 $\vec{a}$와 방향이 같은데 크기만 두 배로 된 것입니다. $\vec{a}$의 크기의 두 배가 되기 때문에 $\vec{a}+\vec{a}=2\vec{a}$라고 나타냅니다. 이렇게 벡터의 크기를 몇 배 늘렸는지는 벡터 앞의 숫자를 보면 알 수 있어요. $-2\vec{a}$는 어떤 벡터일까요? $-\vec{a}$는 $\vec{a}$와 방향이 반대인 벡터이므로 이 벡터 앞에 숫자를 써서 $-2\vec{a}$로 쓰여 있는 벡터는 $-\vec{a}$를 두 배 늘렸다는 말입니다. 이렇게 벡터 앞의 부호를 알면 방향을 알 수 있습니다. $2\vec{a}$와 $-2\vec{a}$의 방향을 $\vec{a}$와 비교해 봅시다.

- $2\vec{a}$: $\vec{a}$ 방향으로 두 번 이동한 것이므로 $\vec{a}$와 $2\vec{a}$는 똑같은 방향입니다.
- $-2\vec{a}$: $\vec{a}$ 방향과 반대 방향으로 두 번 이동한 것이므로 $\vec{a}$와 $-2\vec{a}$는 반대 방향입니다.

이렇게 벡터 앞에 숫자가 곱해진 것, 즉 실수 k와 $\vec{a}$의 곱인 $k\vec{a}$를 $\vec{a}$의 실수배라고 하고 $\vec{a}$ 앞에 있는 숫자의 부호가 '+'이면 $\vec{a}$와 같은 방향, '−'가 붙으면 방향이 반대가 됩니다. 부호를 이용하여 수를 구분하면 세 가지로 나눌 수 있습니다.

$$\begin{cases} 양수 : + \\ 기준 : 0 \\ 음수 : - \end{cases}$$

그러면 k가 0일 때 $k\vec{a}$의 방향은 무엇일까요? 윤서가 수레를 끌 수 있는 힘을 나타내는 벡터를 $\vec{a}$라고 했습니다. $2\vec{a}$라는 것은 이 힘을 두 번 사용하여 수레를 끈 것입니다. $\vec{0}$ 라면 이 힘을 0번 사용한 것이므로 물체가 움직이지 않게 되므로 벡터에 0을 곱하면 영벡터가 됩니다. $\vec{a}$의 실수배를 이용하여 다음 두 벡터를 한번 그려 볼까요?

쏙쏙 문제 풀기

1. $2(3\vec{a})$
2. $2\vec{a}+3\vec{a}$

풀이

1. $2(3\vec{a})$

① 괄호 안의 $3\vec{a}$부터 계산하면 $\vec{a}$와 같은 방향으로 세 배 이동한 벡터입니다.

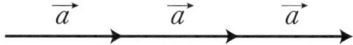

② $3\vec{a}$ 앞에 2가 곱해져 있으므로 $3\vec{a}$의 힘을 같은 방향으로 두 번 준 벡터입니다.

$2(3\vec{a})$를 그린 벡터를 살펴보면 $\vec{a}$와 같은 방향으로 여섯 배 갔다는 것을 알 수 있죠? 이렇게 벡터 앞에 두 수 2와 3을 결합하여 6을 계산해도 됩니다. 이것을 '벡터의 실수배의 결합법칙'이라고 합니다.

2. $2\vec{a}+3\vec{a}$

① $2\vec{a}$와 $3\vec{a}$를 각각 구해 봅시다.

② $2\vec{a}$와 $3\vec{a}$의 합은 $\vec{a}$의 두 배만큼 간 후 다시 세 배만큼 움직이므로 다섯 배만큼 움직인 것과 같습니다. $2\vec{a}+3\vec{a}$는 $\vec{a}$의 다섯 배만큼 움직인 것이므로 $5\vec{a}$가 됩니다. 이때 벡터 앞의 두 수 2와 3에 똑같이 $\vec{a}$가 들어가 있을 때 두 수를 먼저 계산한 $2+3=5$를 $\vec{a}$ 앞에 써도 됩니다. 이렇게 숫자에 똑같은 벡터가 있을 때는 분배법칙을 사용합니다.

이렇게 벡터의 연산은 덧셈, 뺄셈 그리고 실수배가 존재합니다. 방향과 크기를 고려하여 화살표를 삼각형이나 평행사변형이 되게 이어 주면 쉽게 구할 수 있습니다.

수업 정리

❶ 두 벡터 $\vec{a}, \vec{b}$에 대하여 $\vec{a}$를 $\overrightarrow{AB}$로 나타내고 $\vec{b}$를 $\overrightarrow{BC}$로 나타낼 때, $\overrightarrow{AC}$로 나타내어진 벡터 $\vec{c}$를 '두 벡터 $\vec{a}, \vec{b}$의 합'이라고 하고 기호로 $\vec{c} = \vec{a} + \vec{b}$로 나타냅니다.

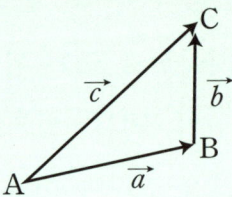

❷ 두 벡터 $\vec{a}, \vec{b}$에 대하여 $\vec{a}$를 $\overrightarrow{AB}$로 나타내고 $\vec{b}$를 $\overrightarrow{AC}$로 나타낼 때, $\overrightarrow{CB}$로 나타내어진 벡터 $\vec{c}$를 '두 벡터 $\vec{a}, \vec{b}$의 뺄셈'이라고 하고 기호로 $\vec{c} = \vec{a} - \vec{b}$로 나타냅니다.

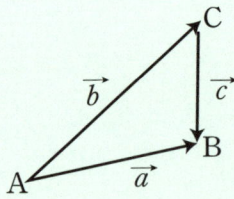

❸ 임의의 실수와 벡터의 곱을 벡터의 실수배라고 합니다. 예를 들어 벡터 $\vec{a}$의 실수배는 $2\vec{a}, 3\vec{a}, 4\vec{a}, \cdots\cdots$ 등이 있습니다.

5교시

벡터의 성분

화살표 이외에 벡터를 나타내는 방법은 무엇일까요?
벡터를 성분으로 표시해 봅시다.

수업 목표

단위벡터와 성분의 뜻을 알고, 이를 이용하여 벡터를 나타낼 수 있습니다.

 **미리 알면 좋아요**

순서쌍

좌표평면에 나타내어진 점 A의 위치를 나타낼 때는 원점 O에서 x축으로 3만큼, y축으로 3만큼 떨어져 있으므로 (3, 3)으로 나타냅니다. 이렇게 괄호 안에 x축과 y축의 숫자를 순서대로 써서 나타낸 것을 순서쌍이라고 합니다. 2차원인 평면에서의 점은 순서쌍 안에 두 개의 숫자를 쓰며 3차원인 공간에서는 순서쌍 안에 세 개의 숫자를 써서 나타냅니다.

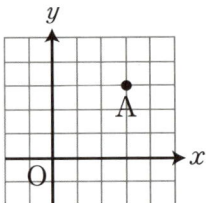

바일의
다섯 번째 수업

　힘이 주어진 방향에 따라 물건이 어디로 움직이는지를 연구하면서 벡터는 시점과 종점을 가진 화살표로 나타내어졌습니다. 그리고 수학자들이 꾸준하게 연구하여 벡터의 방향을 표시하는 방법을 정교하게 만들었고, 연산을 더 편리하게 하는 방법도 발견하였습니다. 이번 시간에는 수학자들이 발견한 이 방법에 대해서 배우도록 합시다.

　좌표평면 위에 시점이 A(1, 2)이고 종점이 B(3, 3)인 벡터

$\overrightarrow{AB}$가 있어요. 이 벡터와 같은 벡터 $\vec{a}$를 그리려고 합니다. 몇 개를 그릴 수 있을까요?

벡터 $\overrightarrow{AB}$와 같은 벡터는 무수히 많다고 했으니까 무수히 많이 그릴 수 있다고 생각하고 있을 거예요. 그런데 이 질문을 조금 바꾸어서 해 보겠습니다. 시점을 O(0, 0)로 하여 $\overrightarrow{AB}$와 같은 벡터를 몇 개 그릴 수 있을까요? 여전히 무수히 많은 벡터를 그릴 수 있을까요?

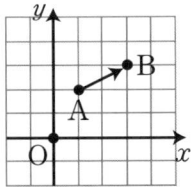

이 질문의 답은 '단 하나만 그릴 수 있다.'는 것입니다. 같은 벡터를 그릴 때는 $\overrightarrow{AB}$를 나타내는 화살표를 여기저기 평행이동하면 무수히 많이 그릴 수 있겠지만 시점 A가 점 O로 가도록 이동하는 방법은 딱 한 가지뿐이랍니다.

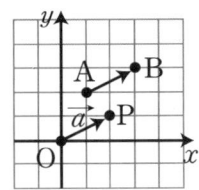

　이렇게 벡터 $\overrightarrow{AB}$와 같은 벡터를 그릴 때 원점을 시점으로 하면 단 하나의 벡터 $\vec{a}$만 그려지게 됩니다. 자, 그럼 지금까지 내용을 반대로 생각해 볼까요? $\vec{a}$와 같은 벡터는 무수히 많습니다. 이 무수한 벡터 중에서 시점이 O인 벡터는 $\vec{a}$ 하나밖에 없습니다. 그래서 이 무수히 많은 벡터를 대표하는 벡터로 시점이 O인 벡터를 사용합니다. 이렇게 좌표평면 위의 점 A에 대하여 시점을 O로 하고 종점을 A로 하는 벡터 $\vec{OA}$를 그 점의 위치벡터라고 합니다.

이번에는 $\vec{AB}$를 볼까요? 이 벡터는 시점이 O가 아니고 점이 A, B 이렇게 두 가지가 있습니다. 즉, 이런 벡터들도 위치벡터를 이용하여 나타낼 수 있어요.

우선, 좌표평면에 시점 O를 제외하고 점 A와 B가 있습니다. 그럼 두 점의 위치벡터를 구해 보도록 합시다.

점 A에 대한 위치벡터는 시점이 O이고 종점이 A이므로 $\vec{OA}$입니다. 점 B에 대한 위치벡터는 시점이 O이고 종점이 B이므로 $\vec{OB}$입니다.

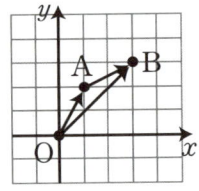

우리에게 익숙한 삼각형 그림이네요? 삼각형 OAB에 $\vec{AB}$와 두 벡터 $\vec{OA}$와 $\vec{OB}$가 있으므로 두 위치벡터의 합성으로 $\vec{AB}$를

나타낼 수 있습니다. $\overrightarrow{AB}$는 시점을 A, 종점을 B로 하는 벡터이므로 삼각형의 점을 A → O → B 순으로 이동한 것입니다. A → O인 벡터는 $\overrightarrow{AO}$, O → B인 벡터는 $\overrightarrow{OB}$이므로 $\overrightarrow{AB}$는 $\overrightarrow{AO}$와 $\overrightarrow{OB}$의 합으로 나타낼 수 있습니다.

$$\overrightarrow{AB} = \overrightarrow{AO} + \overrightarrow{OB}$$

$\overrightarrow{AB}$를 위치벡터를 이용하여 나타내야 하는데 $\overrightarrow{AO}$는 시점이 O가 아닙니다. 그렇다고 $\overrightarrow{AB}$를 위치벡터들로 나타낼 수 없다는 생각은 하지 않아도 됩니다. 우린 이미 $\overrightarrow{AO}$의 시점과 종점을 바꾸어 나타내면 $-\overrightarrow{OA}$와 같다는 것을 알고 있으니까요. 따라서 두 위치벡터를 이용하여 $\overrightarrow{AB} = -\overrightarrow{OA} + \overrightarrow{OB}$로 나타냅니다.

여기서 참고할 것 하나! 보통 수학을 공부할 때는 규칙이 있답니다. 사각형 ABCD와 같이 네 점이 주어졌을 때 '알파벳 앞의 문자부터 쓴다.'거나 '분수는 최대한 약분하여 답을 쓴다.' 또는 '양의 부호와 음의 부호가 있을 때 양의 부호를 먼저 쓴다.'는 등의 규칙이랍니다. 그런데 양의 부호와 음의 부호가 무엇인지 모르겠다고요? 지난 시간에 벡터의 실수배를 하면서 부호에는 양수, 0, 음수 이렇게 세 가지가 존재한다고 했던 것은 기억나나요? 이것은 중학교 1학년 과정에서 나오는데, 양수는 앞에 양을 나타내는 부호 '+'를 써서 나타내고 음수는 앞에 음을 나타내는 부호 '−'를 사용하여 나타냅니다. 양수와 음수에 대한 이야기는《한켈이 들려주는 정수 이야기》에 자세하게 나와 있으니까 참고해 주세요. 이 규칙을 이용하여 $\overrightarrow{AB}=-\overrightarrow{OA}+\overrightarrow{OB}$를 나타내면 음의 부호가 있는 $-\overrightarrow{OA}$를 뒤로 써서 $\overrightarrow{AB}=\overrightarrow{OB}-\overrightarrow{OA}$로 나타낼 수 있습니다. 물론 $-\overrightarrow{OA}$와 $\overrightarrow{OB}$의 위치를 바꾸는 것이므로 교환법칙을 쓴 것이랍니다.

  수학자들이 꾸준하게 연구하여 벡터의 방향을 표시하는 방법을 더 정교하게 만든 것이 위치벡터에서 끝났던 것은 아닙니다. 수학자들은 점 A에 대한 위치벡터를 분석하기 시작했어요.

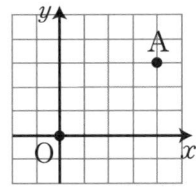

점 O에서 점 A로 가려면 오른쪽으로 4칸, 위쪽으로 3칸을 움직여야 된다는 사실을 생각해 낸 것입니다. 그러나 수학자들은 다시 고민에 빠졌습니다. 4칸, 3칸 이동한 것을 어떻게 나타낼 것인가에 대해서 말이죠. 4라는 숫자만 쓰면 어느 쪽으로 움직였는지 알 수가 없거든요. 그러다 4라는 숫자가 크기를 말해 주니까 방향만 나타내면 되겠다는 생각이 들었답니다. 그래서 좌표평면에서 오른쪽으로 한 칸 이동하는 벡터를 $\vec{e_1}$, 위쪽으로 한 칸 이동하는 벡터를 $\vec{e_2}$로 나타내기로 했어요. 그럼 왼쪽과 아래쪽은 어떻게 나타냈을지 짐작이 가나요?

"$\vec{e_1}$과 $\vec{e_2}$처럼 아래의 작은 숫자를 다른 숫자로 바꾸어 써서 $\vec{e_3}$과 $\vec{e_4}$라고 해요."

물론 그렇게 생각할 수도 있을 거예요. 하지만 수학자들은 좌표평면이 2차원이므로 되도록 방향을 나타내는 벡터는 두 가지만 사용하려고 했답니다. 그래서 생각한 것이 오른쪽의 반대 방향은 왼쪽이라는 것이었어요. 오른쪽을 나타내는 벡터 $\vec{e_1}$을 이용하여 왼쪽은 $-\vec{e_1}$로, 반대 방향을 나타내는 부호 '−'를 붙여 나타냈답니다. 마찬가지로 아래쪽은 $-\vec{e_2}$로 나타냈고요.

 자, 이제 점 A의 위치벡터를 분석하여 나타내는 방법에 거의 다다른 것 같네요. 점 O에서 점 A로 가려면 오른쪽으로 4칸, 위쪽으로 3칸을 움직인 것이니까 $\vec{e_1}$의 네 배를 움직이고 나서 $\vec{e_2}$의 세 배를 움직였어요.

 따라서 이것을 식으로 나타내면 $\overrightarrow{OA} = 4\vec{e_1} + 3\vec{e_2}$가 됩니다. 이때 $\vec{e_1}$과 $\vec{e_2}$ 앞의 숫자 4와 3을 $\overrightarrow{OA}$의 '성분'이라고 하고 x축 이

동을 알려 주는 숫자 4를 x성분, y축 이동을 알려 주는 3을 y성분이라고 합니다.

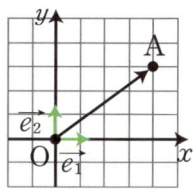

$\overrightarrow{OA}$는 평면에서 그려졌으므로 평면벡터입니다. 이번에는 공간에 있는 점 A의 위치벡터를 한번 분석해 볼까요? 평면은 2차원입니다. 그러므로 x축을 움직이는 벡터 $\vec{e_1}$과 y축을 움직이는 벡터 $\vec{e_2}$, 이렇게 두 개의 벡터를 사용하여 위치벡터를 나타낼 수 있습니다. 하지만 공간은 3차원입니다. 즉, 세 개의 벡터가 필요하답니다. 그래서 x축을 움직이는 벡터 $\vec{e_1}$과 y축을 움직이는 벡터 $\vec{e_2}$ 이외에 하나를 더 사용해야 합니다. 그러므로 z축을 움직이는 벡터 $\vec{e_3}$를 이용합니다.

"그럼 세 개의 벡터를 나타낼 수 있는 좌표공간이 필요하겠네요? 2차원이 3차원이 된다는 것은 가로세로 축을 가졌던 것이 높이 축을 갖게 된다는 거네요."

공간좌표에 가로의 길이가 5, 세로의 길이가 3, 높이가 2인 직육면체를 놓았을 때 점 A를 $\vec{e_1}, \vec{e_2}, \vec{e_3}$를 이용하여 나타낼 수 있겠죠? x축으로 3만큼, y축으로 5만큼 그리고 z축으로 2만큼 이동하였으므로 벡터 $\overrightarrow{OA}$는 $3\vec{e_1}+5\vec{e_2}+2\vec{e_3}$로 나타낼 수 있습니다. 그러면 $\overrightarrow{OA}=3\vec{e_1}+5\vec{e_2}+2\vec{e_3}$이므로 x성분은 3, y성분은 5, z성분은 2가 됩니다.

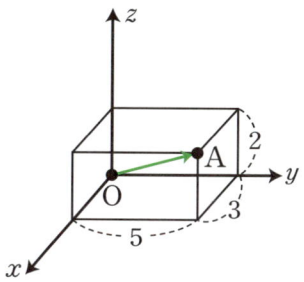

그리고 $\vec{e_1}, \vec{e_2}, \vec{e_3}$와 같이 크기가 1이면서 방향을 가르쳐 주는 벡터를 단위벡터라고 합니다.

수학은 간단하고 명료한 것을 좋아합니다. 말로 길게 나타내어지는 '2 더하기 3은 5이다.'와 같은 것도 '2+3=5'라는 숫자와 기호로 나타냅니다. 이렇게 기호를 나타내는 이유는 식의 계산 과정을 더 정확하게 보여 줄 수 있고 표현이 간편하게 되기 때문입니다. 기호를 사용하는 자세한 이유는 《비에트가 들려주는 식의 계산 이야기》에 더 자세하게 나와 있답니다. 꼭 한 번 참고해 보세요.

그래서 수학자들은 $\vec{OA}=3\vec{e_1}+5\vec{e_2}+2\vec{e_3}$를 간단하게 나타내는 다른 방법을 생각하기 시작했어요. 그래서 성분을 이용하여 나타내는 방법을 생각했습니다.

벡터 $\overrightarrow{OA}$의 성분을 x, y, z 순으로 순서쌍 안에 나타내는 거예요. $\overrightarrow{OA}=(3, 5, 2)$처럼 말이죠.

평면에서의 위치벡터 $\overrightarrow{OA}=4\vec{e_1}+3\vec{e_2}$도 순서쌍으로 나타내면 x성분이 4, y성분이 3이므로 $\overrightarrow{OA}=(4, 3)$으로 나타낼 수 있습니다. 이렇게 평면벡터는 두 개의 성분으로, 공간벡터는 세 개의 성분으로 순서쌍 안에 나타내는 것이지요.

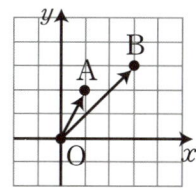

그림 두 점 A와 B의 위치벡터를 단위벡터와 성분의 순서쌍으로 나타내 봅시다.

	이동한 크기	단위벡터	성분의 순서쌍
점 A	x축으로 1만큼 y축으로 2만큼	$\overrightarrow{OA} = \vec{e_1} + 2\vec{e_2}$	$\overrightarrow{OA} = (1, 2)$
점 B	x축으로 3만큼 y축으로 3만큼	$\overrightarrow{OB} = 3\vec{e_1} + 3\vec{e_2}$	$\overrightarrow{OB} = (3, 3)$

$\overrightarrow{AB}$의 위치벡터가 단위벡터와 성분의 순서쌍으로 나타나듯이 $\overrightarrow{AB}$도 단위벡터와 성분의 순서쌍으로 나타낼 수 있어요. $\overrightarrow{AB}$를 그림에서 보면 점 A에서 x축으로 2만큼, y축으로 1만큼 평행이동한 것을 알 수 있습니다. 즉, $\overrightarrow{AB}$를 단위벡터로 나타내면 $\overrightarrow{AB} = 2\vec{e_1} + \vec{e_2}$이고, 이것을 성분의 순서쌍으로 나타내면 $\overrightarrow{AB} = (2, 1)$이 됩니다. 단위벡터로 나타낸 $\overrightarrow{AB} = 2\vec{e_1} + \vec{e_2}$는

$\overrightarrow{AB} = \overrightarrow{OB} - \overrightarrow{OA}$를 이용하여 다음과 같이 구할 수도 있습니다.

$$\overrightarrow{OB} - \overrightarrow{OA} : \begin{array}{r} 3\vec{e_1} + 3\vec{e_2} \\ -)\ \vec{e_1} + 2\vec{e_2} \\ \hline 2\vec{e_1} + 1\vec{e_2} \end{array}$$

단위벡터로 나타내고 싶을 때는 x성분은 x성분끼리, y성분은 y성분끼리 벡터의 연산을 해 주면 $\overrightarrow{AB}$를 구할 수 있어요. 성분의 순서쌍도 마찬가지랍니다.

순서쌍으로 나타낸 식 $\overrightarrow{AB} = (3, 3) - (1, 2)$에서 순서쌍 앞의 x성분끼리, 순서쌍 뒤의 y성분끼리 계산하면 됩니다.

두 벡터 $\vec{a} = (1, 3), \vec{b} = (2, 5)$가 있을 때 $\vec{a} + \vec{b} = (1, 3) + (2, 5)$를 계산해 볼까요? 자, 같은 성분을 찾아봅시다. 우선 괄호 앞의 성분인 x성분은 무엇인가요?

"1과 2입니다."

이번에는 괄호 뒤의 성분인 y성분은 무엇인가요?

"3과 5입니다."

그러면 이제 벡터의 연산을 확인해야 합니다. 두 벡터의 덧셈이므로 각 성분을 더해 주면 된답니다. x성분인 1과 2를 더하면

3이고 y성분 3과 5을 더하면 8이죠? 3과 8을 벡터의 성분을 이용하여 나타내면 (3, 8)이 됩니다.

벡터의 연산

단위벡터나 성분으로 나타내어진 벡터의 연산은 우선 같은 단위벡터, 같은 성분별로 구분합니다. 그리고 벡터의 연산을 확인하여 각 성분을 계산합니다.

$$\vec{a}+\vec{b}=(1, 3)+(2, 5)=(1+2, 3+5)$$

자, 그럼 공간의 점 A의 위치벡터 $\overrightarrow{OA}=(1, 2, 3)$에 두 배를 하면 어떻게 될까요? $\overrightarrow{OA}$는 x축으로 1, y축으로 2, z축으로 3만큼 이동한 그래프입니다. 이것에 두 배를 한다는 것은 $\overrightarrow{OA}$ 각각의 축에서 이동한 것의 두 배가 됩니다.

	$\overrightarrow{OA}$	$2\overrightarrow{OA}$
x축으로 이동한 크기	1	2
y축으로 이동한 크기	2	4
z축으로 이동한 크기	3	6

단위벡터나 성분으로 표시된 벡터는 우리가 숫자를 더하고 빼는 것과 같이 쉬운 방법이죠? 벡터를 좀 더 편리하게 계산하려는 수학자들의 노력 덕분에 우리는 벡터를 더 쉽게 이해하고 계산할 수 있는 것이랍니다. 그리고 수학자들은 벡터와 벡터끼리 다른 연산도 생각해 냈습니다. 바로 곱하기! 벡터와 벡터끼리는 어떻게 곱할지 궁금하죠? 다음 시간에 그 궁금함을 함께 해결해 봅시다.

수업 정리

❶ 평면 또는 공간에 한 점 O를 정하면, 임의의 점 A에 대하여 단 하나의 벡터 $\overrightarrow{OA}$가 정해집니다. 이때 벡터 $\overrightarrow{OA}$를 점 A의 위치벡터라고 합니다.

❷ 좌표평면의 원점에서 점 (1, 0)까지의 벡터 $\vec{e_1}$, 점 (0, 1)까지의 벡터 $\vec{e_2}$와 같이 크기가 1인 벡터 $\vec{e_1}$과 $\vec{e_2}$를 단위벡터라고 합니다. 좌표공간에서는 점 (1, 0, 0)까지의 벡터 $\vec{e_1}$, 점 (0, 1, 0)까지의 벡터 $\vec{e_2}$, 점 (0, 0, 1)까지의 벡터 $\vec{e_3}$가 단위벡터가 됩니다.

❸ 임의의 점이 주어졌을 때, 단위벡터 $\vec{e_1}, \vec{e_2}, \vec{e_3}$를 이용하여 얼마만큼 이동하였는지를 나타내는 숫자를 성분이라고 합니다. $\overrightarrow{OA}=3\vec{e_1}+5\vec{e_2}+2\vec{e_3}$인 점 A는 $\vec{e_1}$ 방향으로 3만큼, $\vec{e_2}$ 방향으로 5만큼, $\vec{e_3}$ 방향으로 2만큼 이동한 것이므로 성분을 이용하여 나타내면 $\overrightarrow{OA}=(3, 5, 2)$가 됩니다.

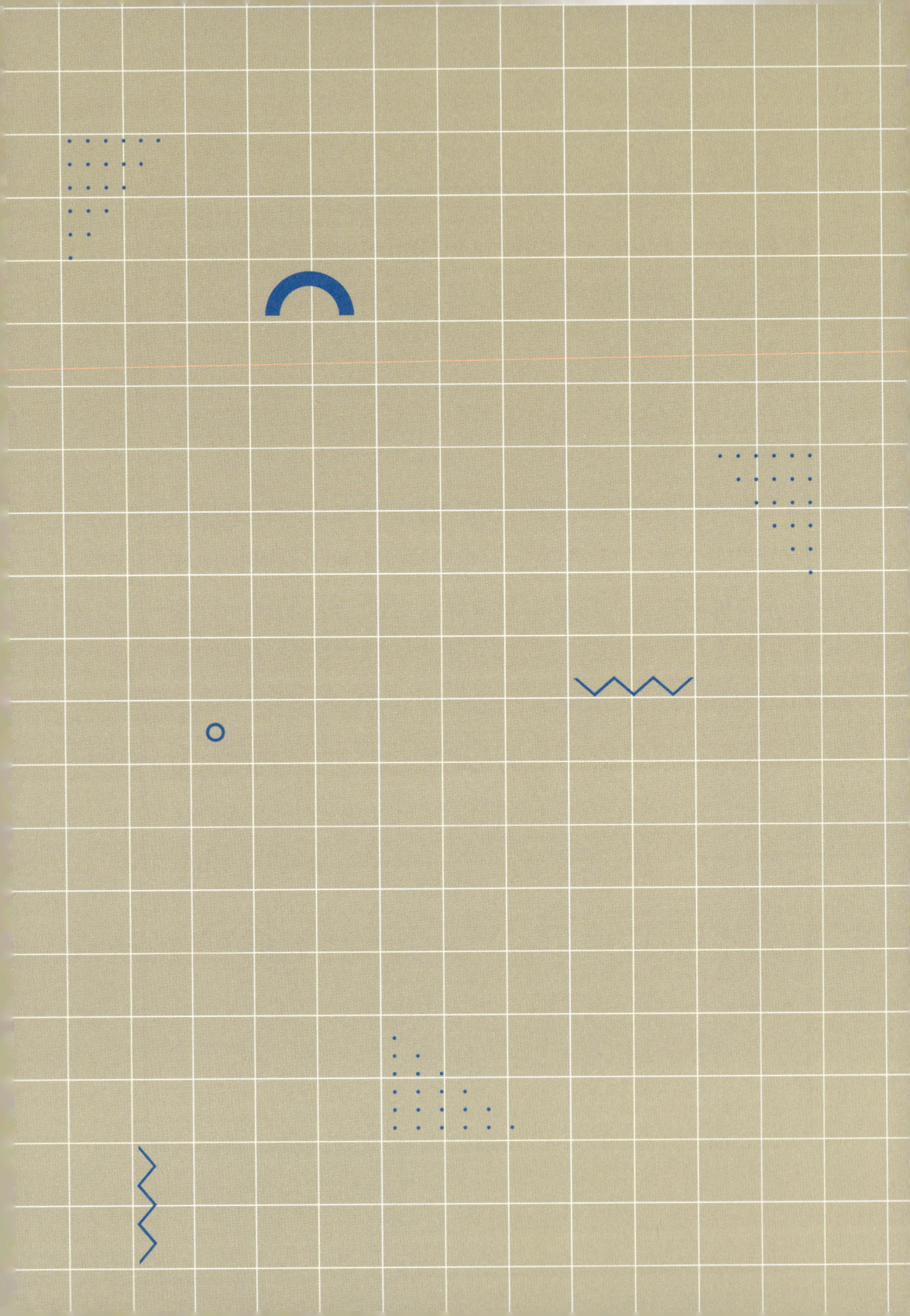

벡터의 내적

벡터와 벡터의 곱은 어떻게 하는 것일까요?
두 벡터의 내적을 구해 봅시다.

수업 목표

1. 벡터의 내적의 필요성이 무엇인지 알 수 있습니다.
2. 벡터의 내적을 구할 수 있습니다.

미리 알면 좋아요

1. 물리학

여러 현상 속에서 가장 기초적인 물질의 운동 형태를 대상으로 하는 학문입니다. 자연 현상을 파악하고 그것을 엄밀한 수학적 형식으로 표현합니다.

2. 물리량

정지하고 있는 물체를 움직이게 하거나 운동 방향을 바꾸는 작용을 하는 힘은 물리량입니다. 질량이 있는 지구와 달이 서로 당기는 힘을 가집니다. 그와 같이 질량이 있는 모든 물체는 서로 만유인력이라는 힘이 작용하고 있으며 우리가 들고 있는 물건들은 지구 중심으로 당기는 힘인 중력이 작용하고 있습니다. 이렇게 힘은 만유인력, 중력, 전기력, 원심력 등 여러 가지 종류가 있습니다.

바일의
여섯 번째 수업

아빠들은 여러분보다 힘이 세죠? 이 힘이라는 것은 정지하고 있는 물체를 움직이고, 움직이고 있는 물체의 속도나 운동 방향을 바꾸는 물리적인 양이랍니다. 우리는 일상생활에서 밥을 먹기 위해 수저를 들거나 물건을 옮기는 등 여러 가지 힘을 편리하게 사용하고 있지만 물리학에서는 이 힘이 일어나는 원인이나 힘의 방향, 힘 사이의 작용을 분석하고 연구해요. 하지만 이 힘이라는 것이 단순하게 같은 방향이나 크기를 가지는 것이 아니기 때문에 덧셈, 뺄셈, 곱셈 등의 연산이 필요합니다. 따라서 이번 시간에는 힘의 곱을 배워 보도록 합시다.

자동차 운전을 할 때, 속도를 줄이거나 높이기 위해서는 페달을 밟아야 합니다. 페달은 라틴어의 발을 뜻하는 페달리스$_{pedalis}$에서 유래한 단어로 차의 널빤지 모양의 판을 말해요. 차의 페달에는 차의 속도를 줄이거나 정지시키는 장치인 브레이크와 엔진의 회전수를 늘려 속도를 증가시키는 액셀러레이터$_{가속\ 페달}$가 있어요. 차가 움직이고 있을 때 액셀러레이터로 힘을 주면 차의 속도가 올라가게 됩니다. 이렇게 차가 움직이는 힘과 액셀러레이터로 주는 힘이 서로 어떤 영향을 가지고 있는지 알아보려고 한다면 이 현상은 힘과 관련된 것이니까 벡터와 연관해서 생각할 수 있습니다.

물건에 두 가지의 힘을 주어 두 힘이 서로 어떤 영향을 주는지 보려고 합니다. 현승이가 물건에 힘을 4만큼 주었습니다. 현승이가 힘을 주었으니까 물건이 움직이게 되겠죠? 이번에는 윤서가 현승이와 같은 방향으로 힘을 5만큼 주어 물건을 움직였어요. 그렇다면 현승이와 윤서가 힘을 주어 두 힘이 합쳐졌을 때, 그 힘의 크기는 얼마가 될까요? 이것이 궁금해진 수학자들은 힘이 같이 주어졌을 때, 힘이 어떻게 되는지 벡터와 연관하여 연구를 하기 시작했어요. 우리 속담에 '백지장도 맞들면 낫다.'는 말이 있죠? 교실 청소를 혼자 하는 것보다 친구들이 모두 모여서 함께하면 더 쉽고 즐겁게 할 수 있는 것처럼 쉬운 일이라도 협력하여 한다면 더 쉽게 할 수 있답니다.

물체에 두 벡터가 주어지면서 현승이가 가진 크기 4의 벡터에 윤서가 가진 크기 5의 벡터가 영향을 주게 됩니다. 마찬가지로 윤서가 가진 크기 5의 벡터에도 현승이가 가진 크기 4의 벡터가 영향을 줍니다. 이때 두 벡터는 서로의 벡터를 곱한 만큼의 효과가 있게 됩니다.

즉, 현승이가 윤서의 벡터에 의해 영향을 받아 크기 20의 벡터가 생기게 됩니다. 마찬가지로 윤서도 현승이의 힘에 영향을 받아 크기 20을 가진 벡터만큼의 힘을 물건에 주게 되는 것입니다. 이러한 현승이와 윤서가 가지고 있는 힘이 나타내는 벡터가 서로 얼마만큼의 힘으로 작용하게 되는지 두 벡터를 곱하여 알아보는 것을 벡터의 내적이라고 합니다.

내적과 관련된 옛날이야기 하나 해 볼까요? 지금 내가 하는 이야기는 중국의 삼국 시대 때 일어난 일이랍니다.

혹시 적벽 대전이라고 들어 본 적 있나요? 중국의 삼국 시대는 '위, 촉, 오'라는 이름의 세 나라가 있었던 시기입니다. 그 당시 우리나라도 고구려, 백제, 신라로 이루어진 삼국 시대였습니다. 그 당시 가장 큰 땅을 가지고 있었던 위나라의 장군 조조는 세 나라를 통일하기 위해 우선 자신보다 작은 나라인 촉에게 항복할 것을 권합니다. 하지만 자신의 나라를 지키기 위해 항복을 포기한 오나라 손권은 촉나라의 유비와 연합해서 조조에 대항하여 싸우게 됩니다. 바로 '적벽'이라는 곳에서요. 산에 불이 났을 때 바람이 불면 불이 난 면적이 점점 넓어집니다. 바로 이러한 방향을 이용한 것이 '화공'이라는 싸움의 전술인데, 바람의 영향이 자신의 편에 유리하도록 불을 번지게 하는 것이랍니다. 오와 유비의 진영은 208년 초겨울 밤에 동남쪽 바람을 이용한 화공을 써서 조조의 군을 이기게 됩니다. 여기서 오나라의 군사 계획을 맡고 있는 제갈량이 자신들의 군에 유리한 바람인 동남풍이 부는 때를 알고 있었기에 조조의 군을 참패시킬 수 있었어요. 이러한 바람은 공기의 압력인 기압의 차에 의해 생겨납니다. 따뜻한 곳의 기압과 차가운 곳의 기압 차이로 인해 바람이 불게 되는데, 이때 바람의 방향에는 지구 중심으로 끄는 중력과 달과 지구의 사이의 인력 등의 영향을 받게 된답니다. 제갈량은 중력과 인력 같은 주기적인 힘의 영향을 분석하여 이 힘이 이루는 크기와 방향을 예상해 큰 전쟁에서 이길 수 있었습니다. 이렇게 힘과 힘은 서로 영향을 주기 때문에 정확하게 그 영향력을 알아야 기후를 예상할 수 있어요. 그래서 이러한 것의 정확한 계산에 내적이 중요한 역할을 하는 것이랍니다.

내적으로 알아본 힘의 크기는 방향은 없습니다. 벡터의 내적은 10, 20, 30과 같은 숫자로 나타내어지는 것이기 때문에 크기는 있지만 방향이 없는 스칼라입니다.

숫자 사이에 있는 곱하기의 기호 '×'와 달리 내적을 나타내는 기호는 다르답니다. 두 벡터 $\vec{a}, \vec{b}$에 대해 두 벡터의 내적은 $\vec{a} \cdot \vec{b}$로 나타냅니다. '$2 \times x$'에서 곱하기 기호를 생략하고 '$2x$'로 나타내는 것과 달리 벡터의 내적에서의 '·' 기호는 생략해서 나타내면 안 돼요! 성분으로 나타낸 두 벡터 $\vec{a} = (1, 2), \vec{b} = (3, 3)$의 내적을 계산해 봅시다.

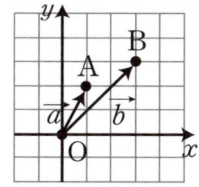

내적이 두 벡터의 곱하기라고 했죠? 덧셈과 뺄셈에서 똑같은 성분끼리 더하고 뺀 것처럼 곱하기도 같은 성분끼리 계산하면 됩니다.

쏙쏙 이해하기

벡터의 내적 $\vec{a}=(a_1, a_2)$, $\vec{b}=(b_1, b_2)$

1. 같은 성분끼리 곱합니다. $a_1 \times b_1$, $a_2 \times b_2$
2. 같은 성분끼리의 곱을 더합니다. $a_1 \times b_1 + a_2 \times b_2$

$\vec{a}=(1, 2)$, $\vec{b}=(3, 3)$에서 x성분 1과 3, y성분 2와 3을 곱해 봅시다.

x성분끼리의 곱 : $1 \times 3 = 3$
y성분끼리의 곱 : $2 \times 3 = 6$

이제 $\vec{a}\cdot\vec{b}$는 같은 성분끼리의 곱을 더하면 됩니다.

$$3+6=9$$

1×3과 3×1을 계산하면 모두 3으로 같습니다. 이렇게 연산의 순서를 바꾸어 계산하는 것을 교환법칙이라고 했어요. 수에서는 곱셈에서 교환법칙이 성립하므로 순서를 바꾸어서 곱하기를 해도 항상 같은 값을 갖습니다. 두 벡터 $\vec{a}, \vec{b}$의 내적 $\vec{a}\cdot\vec{b}$는 두 힘이 같은 방향으로 주어졌을 때의 힘의 크기라고 했습니다. 그렇다면 내적의 순서를 바꿔서 $\vec{b}\cdot\vec{a}$를 계산할 때 곱하기의 교환법칙이 성립하는 것처럼 내적에도 교환법칙이 성립할까요? 직접 구해서 확인해 보도록 합시다. $\vec{a}=(1, 2), \vec{b}=(3, 3)$에서 $\vec{a}\cdot\vec{b}$와 $\vec{b}\cdot\vec{a}$를 비교해 봅시다.

$$\vec{a}\cdot\vec{b}=1\times 3+2\times 3=3+6=9$$
$$\vec{b}\cdot\vec{a}=3\times 1+3\times 2=3+6=9$$

$\vec{a}\cdot\vec{b}$와 $\vec{b}\cdot\vec{a}$의 값이 모두 9로 같습니다. 그 이유가 무엇인지

알고 있나요?

"곱셈의 교환법칙이요!"

벌써 눈치채고 있었군요. 1×3과 3×1은 모두 x성분의 곱을 나타냅니다. x성분의 곱은 숫자의 곱이므로 교환법칙이 성립해요. $\vec{a}$의 x성분을 먼저 곱하든지 $\vec{b}$의 x성분을 먼저 곱하든지 값은 모두 똑같습니다. 마찬가지로 y성분도 어느 것을 먼저 곱하든 똑같은 값을 가지게 됩니다. 이러한 법칙이 아니더라도 두 힘이 주어졌을 때 두 힘을 동시에 주는 것이므로 순서는 상관이 없겠죠? 이렇게 벡터의 내적은 교환법칙이 성립합니다. 그럼 이번에는 다른 방향으로 주어진 두 힘 $\vec{b}$와 $\vec{c}$의 합에 새로운 힘 $\vec{a}$를 동시에 주어 봅시다.

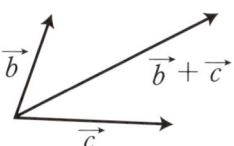

이것은 $\vec{b}+\vec{c}$에 힘 $\vec{a}$를 주는 것이므로 두 힘의 곱만큼 힘의 크기가 생깁니다.

$$\vec{a} \times (\vec{b} + \vec{c})$$

$\vec{b}+\vec{c}$의 힘에 $\vec{a}$만큼의 힘이 더 주어지므로 $\vec{b}$와 $\vec{c}$의 힘 각각에 $\vec{a}$만큼의 힘을 더 주게 되는 것과 같습니다. 힘 $\vec{b}$에 $\vec{a}$만큼의 힘이 더 주어지면 힘의 크기는 $\vec{a} \cdot \vec{b}$입니다. 힘 $\vec{c}$에 $\vec{a}$만큼의 힘이 더 주어지면 힘의 크기는 $\vec{a} \cdot \vec{c}$입니다. 결국 $\vec{a}$만큼 더 주어진 힘들의 합과 같으므로 $\vec{a} \times (\vec{b}+\vec{c}) = \vec{a} \cdot \vec{b} + \vec{a} \cdot \vec{c}$입니다.

그렇다면 크기가 없는 영벡터의 내적을 구하면 어떻게 될까요? 내적은 힘이 다른 힘에 얼마만큼의 영향을 받는지를 곱으로 구하는 것이랍니다. 영벡터와 벡터 $\vec{a}$가 있어요. 내적이라는 것이 다른 힘에 영향을 얼마만큼 받느냐를 알아보는 것이었어요. 그럼 영벡터의 힘이 벡터 $\vec{a}$에 영향을 줄 수 있을까요? 힘의 크기를 곱해야 하는데 영벡터의 크기는 0이므로 영향을 받지 않아요. 마찬가지로 벡터 $\vec{a}$도 영벡터에 영향을 받지 않습니다. 성분으로 표시해도 이 사실을 확인할 수 있어요. $\vec{0} = (0, 0)$과 $\vec{a} = (a_1, a_2)$의 내적을 구하면 다음과 같습니다.

$$\vec{0} \cdot \vec{a} = (0, 0) \cdot (a_1, a_2)$$

$$\begin{bmatrix} \text{성분끼리의 곱}: 0 \times a_1 = 0 \\ \text{성분끼리의 곱}: 0 \times a_2 = 0 \end{bmatrix}$$

$$\therefore \vec{0} \cdot \vec{a} = 0 + 0 = 0$$

이번 시간에 배운 내적에서는 서로의 힘으로부터 어떠한 영향을 받는지를 알아보았습니다. 하지만 만약 동시에 똑같은 크기의 힘을 반대 방향에서 주면 어떤 결과가 생길까요? 서로 정반대 방향의 힘이니까 물체가 움직이지 않겠지요. 물론 물체에 주어진 힘의 크기는 있겠죠? 다음 시간에는 이 힘의 크기를 구하는 방법을 배워 보도록 합시다.

수업정리

❶ 힘이 서로 얼마만큼의 힘을 작용하게 되는지 두 벡터를 곱하여 알아보는 것을 벡터의 내적이라고 합니다.

두 벡터, $\vec{a}=(a_1, a_2), \vec{b}=(b_1, b_2)$에 대하여 내적을 구하면 $\vec{a_1} \cdot \vec{a_2} = a_1 \times b_1 + a_2 \times b_2$가 되며, 그 값은 항상 스칼라가 됩니다. 그리고 영벡터와의 내적은 항상 0이 됩니다.

❷ 내적은 다음과 같은 성질이 있습니다.

$$\begin{cases} \vec{a} \cdot \vec{b} = \vec{b} \cdot \vec{a} & \text{(교환법칙)} \\ \vec{a} \times (\vec{b}+\vec{c}) = \vec{a} \cdot \vec{b} + \vec{a} \cdot \vec{c} & \text{(분배법칙)} \end{cases}$$

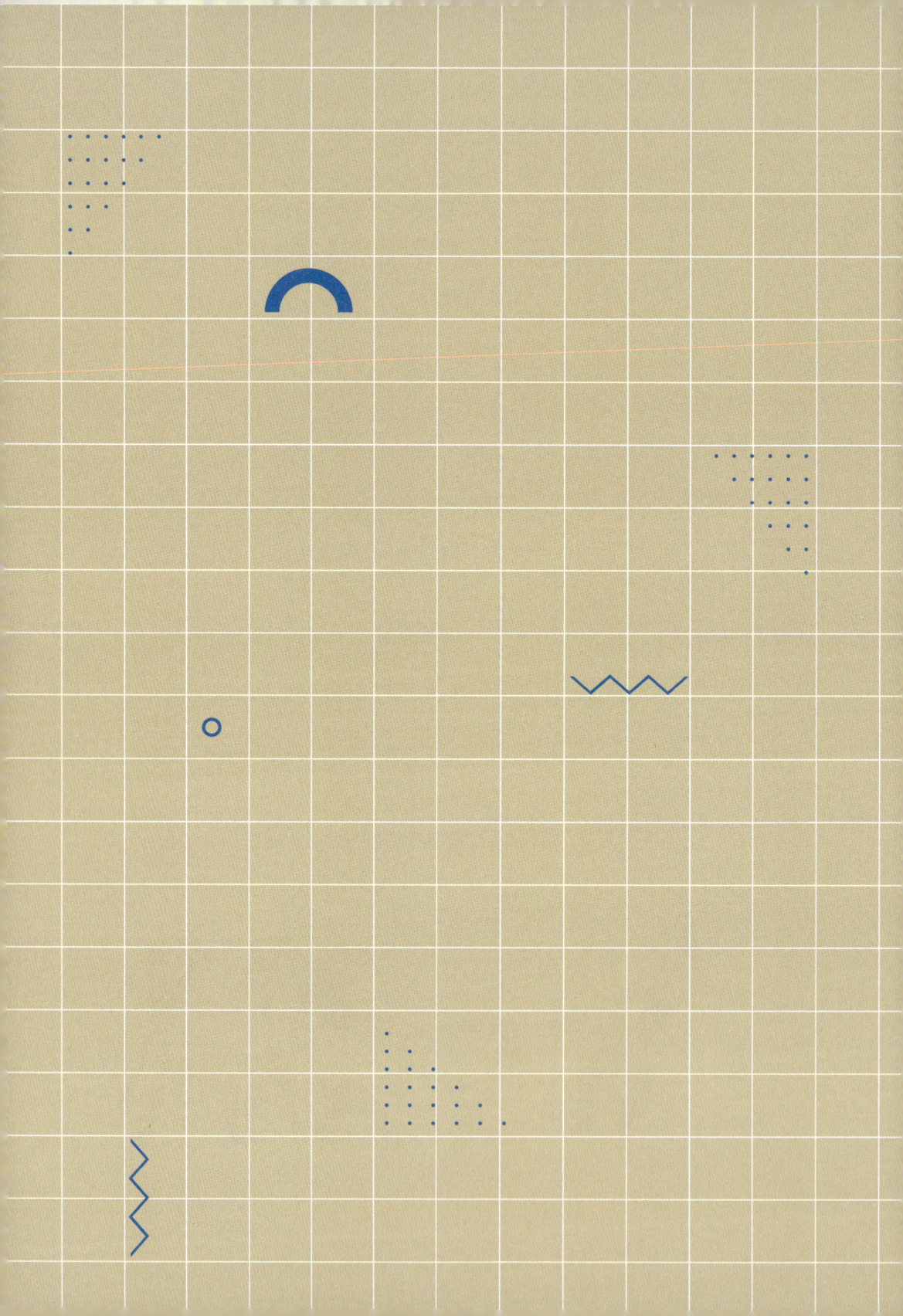

7교시

두 벡터가 이루는 각의 크기

두 벡터가 이루는 각의 크기는 어떻게 구할 수 있을까요?
두 벡터의 내적을 이용하여 각의 크기를 구해 봅시다.

수업 목표

1. 두 벡터가 이루는 각의 크기를 구해 봅시다.
2. 두 벡터가 이루는 각의 크기를 구하는 공식과 내적 사이의 관계를 알 수 있습니다.

미리 알면 좋아요

1. 수학에서의 닮음

일상생활에서 쓰는 '닮았다'는 생김새나 모양이 비슷한 것이지만 수학에서의 '닮음'은 일정한 크기로 확대 또는 축소하여 그 모양이 완전히 포개어지는, 즉 합동이 되는 상태를 말합니다. 삼각형 ABC와 삼각형 DEF가 닮음인 상태를 기호로 표시하면 △ABC∽△DEF와 같이 나타냅니다.

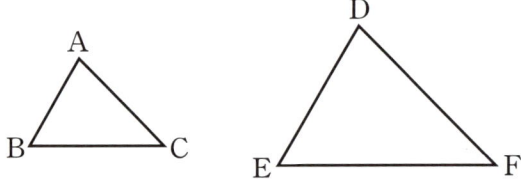

△ABC∽△DEF

2. 유리수와 무리수, 그리고 실수

분수꼴로 나타내어지는 수를 유리수라고 합니다. 그리고 분수로 나타낼 수 없는 모든 수는 무리수라고 합니다. 제곱하여 2가 되는 수를 찾아보니 어떤 분수로도 나타낼 수 없다는 것을 알 수 있었습니다. 그래서 숫자 2 위에 근호 √ 루

ㅌ를 써서 √2와 같이 나타낸 수를 무리수라고 이름 지었습니다. 실제 길이가 1인 정사각형의 대각선의 길이를 구해 보면 √2가 됩니다. 그리고 유리수와 무리수를 통틀어 실수라고 합니다.

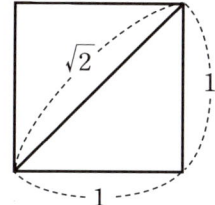

바일의
일곱 번째 수업

　벡터는 크기와 방향을 가지는 양이기 때문에 여러 분야에서 사용되지만, 특히 힘과 속도 등을 다루는 물리에서 많이 사용됩니다. 물리는 물체의 운동에 대해 분석하고 연구하는 학문이기 때문에 어떤 물체에 힘이 주어졌을 때 그것의 운동 상태나 모양의 변화를 예측하려고 합니다. 지금 내가 들고 있는 종이 한 장은 양쪽에서 바람이 불고 있으므로 오른쪽의 바람의 힘과 왼쪽의 바람의 힘이 동시에 작용하고 있어요. 하지만 바닥과 수직으로 움직이지 않고 있습니다. 이러한 상태를 힘의 평형이라고 합니다. 이러한 상태에서는 두 힘의 크기가 같고 방향만 반대라고 분석하게 될 거예요.

다음 물건에 힘 f_1과 힘 f_2가 서로 수직으로 작용하고 있습니다. 그럼 이 물체에 작용하고 있는 힘은 f_1+f_2가 됩니다. 그렇다면 두 힘의 합성으로 생긴 힘인 알짜 힘 f_1+f_2는 어느 방향으로 작용하고 있을까요? 그리고 이 방향은 지면에서 얼마 정도의 각을 이루고 있을까요?

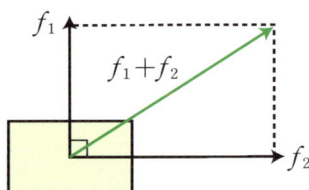

두 힘 f_1과 f_2가 서로 다른 방향으로 주어졌을 때 새로운 방향으로 가는 힘의 방향을 구해야 하는 것처럼 서로 다른 방향으로 주어진 두 벡터가 서로의 힘에 얼마만큼의 영향을 주는지 그리고 그 힘의 크기가 얼마만큼인지를 구해야 하는 경우가 있습니다. 두 힘이 서로 미치는 영향은 지난 시간에 '내적'이라고 배웠어요. 이번 시간에 배우는 '두 벡터가 이루는 각' 역시 두 벡터의 영향력과 연관이 있기 때문에 내적과도 관계가 있답니다. 지금 이곳에는 두 개의 바람이 불고 있어요. 두 개의 바람이 부는 방향과 크기를 나타낸 벡터를 각각 $\vec{a}, \vec{b}$라고 할게요. 두 개의 바람이 서로 영향을 주어서 우리가 서 있는 이곳에 바람이 불겠죠? 바람 $\vec{a}$는 우리가 서 있는 쪽인 B로 불고 있는 바람 $\vec{b}$에 얼마만큼의 영향을 주는 것일까요?

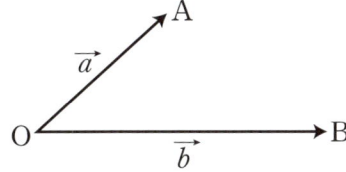

이것을 구하기 위해서는 직각삼각형이 꼭 필요해요! 자, 직각삼각형을 등장시켜 봅시다! 그 전에 일단, 삼각형에는 몇 개의 변이 있나요?

"세 개요~!"

쉬운 질문인지 대답 소리가 무척 크군요! 이렇게 세 개의 변 중에서 두 개씩 짝을 지어서 두 변의 길이의 비를 구해 볼 거예요. 직각삼각형에는 밑변, 높이, 빗변 이렇게 세 변이 있어요. 그리고 한 각의 이름을 a라고 합시다. 이 각은 두 변 사이에 있죠? 하나는 세 변 중 길이가 가장 긴 변이므로 이 변의 이름은 '빗변'입니다. 그리고 나머지 하나는 '밑변'입니다. 그러면 세 변 중 빗변, 밑변을 정했으니까 나머지 하나는 '높이'가 됩니다.

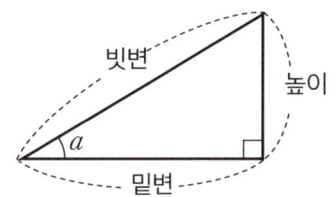

세 개의 변을 가지고 두 개씩 짝을 지으면 빗변과 높이, 빗변과 밑변, 밑변과 높이가 됩니다. 이 각각의 짝에서 변의 길이의 비를 구하고 이름을 주도록 하겠습니다.

빗변과 높이의 길이의 비는 $\dfrac{높이}{빗변}$: 사인$_{\sin}$

빗변과 밑변의 길이의 비는 $\dfrac{밑변}{빗변}$: 코사인$_{\cos}$

밑변과 높이의 길이의 비는 $\dfrac{높이}{밑변}$: 탄젠트$_{\tan}$

이렇게 변의 길이의 비를 구할 때, 길이의 비를 나타내는 세 이름을 사인$_{\sin}$, 코사인$_{\cos}$, 탄젠트$_{\tan}$라고 부릅니다. 각 a에서 변의 이름을 정했기 때문에 비의 이름 뒤에 각의 이름도 함께 써서 $\sin a, \cos a, \tan a$라고 나타내지요. 한번 구해 볼까요?

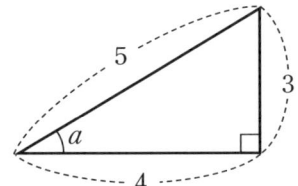

$$\sin a = \dfrac{높이}{빗변} = \dfrac{3}{5},\ \cos a = \dfrac{밑변}{빗변} = \dfrac{4}{5},\ \tan a = \dfrac{높이}{밑변} = \dfrac{3}{4}$$

이 삼각형의 모양을 그대로 두 배 확대한 삼각형이에요. 그대로 확대한 삼각형이니까 각의 크기는 똑같이 a이고 길이만 두 배가 되었습니다. 그럼 이 삼각형에서도 길이의 비인 사인sin, 코사인cos, 탄젠트tan를 구해 봅시다.

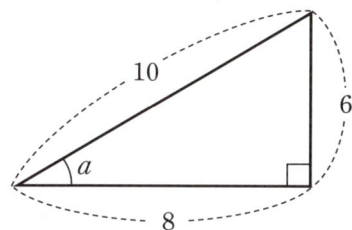

$$\sin a = \frac{6}{10} = \frac{3}{5}, \quad \cos a = \frac{8}{10} = \frac{4}{5}, \quad \tan a = \frac{6}{8} = \frac{3}{4}$$

어떤 삼각형에서는 각 a의 크기에 대한 사인의 값이 $\frac{3}{5}$으로 같습니다. 그래서 각에 대한 삼각형의 변의 길이의 비를 **삼각비**라고 하고, $1°, 2°, 3°, \cdots\cdots$ 등 모든 각에 대하여 이 삼각비의 값을 구해서 표로 만들어 두었습니다. 삼각비가 많이 쓰이니까 표로 만들어 두고 사용하게 된 것이랍니다. 두 벡터의 크기가 서로 어떤 영향을 줄 것인지를 구할 때도 이 삼각비를 사용하게 돼요.

벡터 $\vec{a}$가 우리가 서 있는 방향인 B 방향으로 얼마만큼 힘을 주는지를 구하기 위해 직각삼각형 OAC를 그려 볼게요.

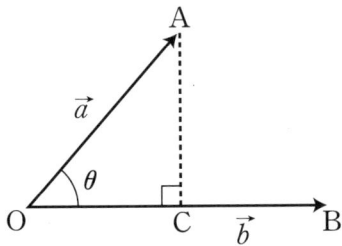

각 θ에 대해 코사인의 값은 cosθ으로 일정하고 이 삼각형의 빗변의 길이는 벡터 $\vec{a}$의 크기이므로 $|\vec{a}|$예요. 코사인의 값과 빗변의 길이를 알면 $\overline{OC}$의 길이는 $\cos\theta \times |\vec{a}|$가 되지요. 즉, $\cos\theta \times |\vec{a}|$는 바람 $\vec{a}$가 바람 $\vec{b}$ 방향으로 영향을 미치는 힘의 크기를 말합니다. 그렇다면 B 방향으로의 힘은 다음과 같이 두 개가 됩니다.

$$\begin{array}{l} \text{바람 }\vec{a}\text{가 B 방향으로 영향을 미치는 힘의 크기} : \cos\theta \times |\vec{a}| \\ \text{B 방향으로 영향을 미치는 힘의 크기} : |\vec{b}| \end{array}$$

 같은 방향으로 힘이 주어지면 두 힘이 미치는 영향은 곱하기를 해서 구한다고 했죠? 그래서 두 바람이 우리 쪽으로 불 때

그 힘의 크기는 $\cos\theta \times |\vec{a}| \times |\vec{b}|$가 돼요. 즉, 바람 $\vec{a}$의 힘이 바람 $\vec{b}$의 힘과 만나서 생기는 힘의 크기가 $\cos\theta \times |\vec{a}| \times |\vec{b}|$가 됩니다.

지난 시간에 힘이 서로 얼마만큼의 힘을 작용하게 되는지 두 벡터를 곱하여 알아보는 것을 '벡터의 내적'이라고 했어요. 그렇다면 두 벡터 $\vec{a}$와 $\vec{b}$가 서로 작용하여 나타나는 힘의 크기를 내적으로 구하면 $\vec{a}\cdot\vec{b}$입니다. 두 힘의 작용을 내적으로 구하면 $\vec{a}\cdot\vec{b}$이고, 삼각비를 이용하여 구하면 $\cos\theta \times |\vec{a}| \times |\vec{b}|$이므로 $\vec{a}\cdot\vec{b} = \cos\theta \times |\vec{a}| \times |\vec{b}|$ 입니다.

이 식을 이용하면 두 벡터가 이루는 각의 크기도 알 수 있어요. 크기가 $\sqrt{2}$인 벡터 $\vec{a}=(1, 1)$와 크기가 1인 벡터 $\vec{b}=(0, 1)$일 때 두 벡터의 내적은 $\vec{a}\cdot\vec{b}=1\times 0+1\times 1=1$이므로 다음과 같은 식이 성립합니다.

$$\vec{a}\cdot\vec{b} = \cos\theta \times |\vec{a}| \times |\vec{b}|$$
$$1 = \cos\theta \times \sqrt{2} \times 1$$
$$\therefore \cos\theta = \frac{1}{\sqrt{2}}$$

삼각비의 표에서 코사인의 값이 $\frac{1}{\sqrt{2}}$, 대략 0.7071인 각을 찾아보면 됩니다. 찾는 방법은 우선 $\cos\theta$ 밑에 있는 숫자 중에서 0.7071의 값이 있는 곳을 찾습니다. 그리고 그 숫자의 왼쪽에 있는 각을 찾습니다.

θ	$\sin\theta$	$\cos\theta$	$\tan\theta$
41°	0.6561	0.7547	0.8693
42°	0.6691	0.7431	0.9004
43°	0.6820	0.7314	0.9325
44°	0.6947	0.7193	0.9657
45°	0.7071	0.7071	1.0000

45°를 찾았네요. 이렇게 두 벡터 $\vec{a}$와 $\vec{b}$가 이루는 각의 크기는 45°입니다.

같은 두 벡터 $\vec{a}$와 $\vec{b}$가 주어졌을 때 작용하게 되는 힘의 크기 $\vec{a}\cdot\vec{b}$는 똑같은 힘의 크기 $|\vec{a}|$와 $|\vec{b}|$가 작용하는 것이므로 $|\vec{a}|\times|\vec{a}|$이고 방향이 같습니다. 따라서 $\vec{a}\cdot\vec{b}=|\vec{a}|\times|\vec{a}|$가 됩니다. 방향이 같다는 것은 두 벡터가 이루는 각이 $\vec{0}$라는 거예요. 실제로 삼각비의 표에서 $\cos 0°$를 찾아보면 1이므로 $\vec{a}\cdot\vec{b}=|\vec{a}|\times|\vec{a}|$가 되는 거랍니다. 하지만 똑같은 크기의 힘이 반대로 주어지면 두 벡터는 $\vec{a}$와 $-\vec{a}$로, 힘의 크기는 $|\vec{a}|$가 되어 같아지지만 방향이 반대이므로 앞에 반대 방향을 나타내는 '$-$'를 붙입니다. 실제로 반대일 때 이루는 각 180°의 코사인 값이 $\cos 180°=-1$이므로 $\vec{a}\cdot\vec{b}=-|\vec{a}|\times|\vec{a}|$가 됩니다. 그렇다면 두 힘이 서로 수직인 방향으로 끌어당기면 어떻게 될까요?

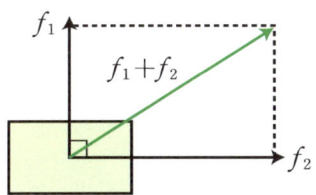

두 힘 f_1과 f_2가 서로 다른 방향으로 주어졌을 때 물체에 작용하고 있는 힘은 f_1+f_2가 되어 대각선 방향으로 갑니다. 하지만

힘 f_1은 f_2의 힘에 전혀 영향을 미치지 않아요. 마찬가지로 힘 f_2도 f_1에 영향을 주지 않습니다.

실제로 삼각비에서 $\cos 90°=0$이므로 수직인 두 벡터의 내적 $\vec{f_1} \cdot \vec{f_2} = \cos\theta \times |\vec{f_1}| \times |\vec{f_2}| \times 0 \times |\vec{f_1}| \times |\vec{f_2}| = 0$이 되어 영향을 주지 않는 것입니다.

우리가 아무 생각 없이 하는 운동이나 물체를 움직이는 것에는 이러한 여러 가지 힘이 서로 영향을 주고 있는 것이랍니다. 그래서 이러한 것을 분석하는 물리학에 벡터가 중요한 이론으로 사용되는 것이지요.

이번 시간이 마지막이라 너무 아쉽네요. 지금까지 조금은 낯선 벡터를 배웠는데 잘 따라와 주어서 정말 고맙습니다. 우리 주위에 움직이는 모든 것에는 벡터의 원리가 숨어 있으니까 우리가 배운 벡터를 그 속에서 찾아보는 것도 좋을 것 같습니다. 그럼 여러분, 모두 안녕~!

수업 정리

두 벡터 $\vec{a}$와 $\vec{b}$가 서로 얼마만큼의 힘을 작용하게 되는지는 두 벡터를 곱하면 알 수 있습니다. 또한 벡터의 한 벡터가 다른 벡터의 방향에 얼마만큼의 영향이 있는지는 코사인을 이용하여 구하면 되므로 $\vec{a}\cdot\vec{b}=\cos\theta\times|\vec{a}|\times|\vec{b}|$가 됩니다. 이것을 이용하여 다음 세 가지 경우의 내적은 벡터의 크기만 알면 쉽게 구할 수 있습니다.

- 같은 두 벡터 : $\vec{a}\cdot\vec{b}=|\vec{a}|\times|\vec{a}|$
- 방향만 다른 두 벡터 : $\vec{a}\cdot\vec{b}=-|\vec{a}|\times|\vec{a}|$
- 수직인 두 벡터 : $\vec{a}\cdot\vec{b}=0$